Agente IA. Cómo crear un agente IA paso a paso

Yolanda López Benítez

Agente IA. Cómo crear un agente IA paso a paso
© Yolanda López Benítez

1ª Edición

© IC Editorial, 2025

Editado por: IC Editorial
c/ Cueva de Viera, 2, Local 3
Centro Negocios CADI
29200 Antequera (Málaga)
Teléfono: 952 70 60 04
Fax: 952 84 55 03
Correo electrónico: iceditorial@iceditorial.com
Internet: www.iceditorial.com

ISBN: 979-13-7027-058-2
Depósito Legal: MA 1660-2025

Impresión: PODiPrint
Impreso en Andalucía – España

Nota de la editorial: IC Editorial pertenece a Innovación y Cualificación S. L.

Índice

OBJETIVOS GENERALES

Los objetivos generales del título **Agente IA. Cómo crear un agente IA paso a paso,** son los siguientes:

- ⮞ Comprender el papel de los agentes de IA en el contexto de la transformación digital, diferenciándolos de la automatización tradicional y analizando su impacto en la optimización de procesos productivos en distintas áreas empresariales, con el propósito de impulsar la eficiencia y fomentar la innovación.
- ⮞ Aplicar el uso de agentes de inteligencia artificial en diferentes áreas funcionales, desarrollando habilidades para personalizar, optimizar e integrar estas soluciones en entornos organizativos dinámicos, con el fin de potenciar la innovación, la eficiencia y la mejora continua en empresas y organizaciones.

Introducción a los agentes IA

Contenido

Objetivos

El objetivo general de esta Unidad de Aprendizaje es:

→ Comprender el papel de los agentes de IA en el contexto de la transformación digital, diferenciándolos de la automatización tradicional y analizando su impacto en la optimización de procesos productivos en distintas áreas empresariales, con el propósito de impulsar la eficiencia y fomentar la innovación.

Los objetivos específicos de esta Unidad de Aprendizaje son:

→ Entender en qué consiste la transformación digital y por qué es tan importante para los profesionales y las pymes, ofreciendo una panorámica empresarial con tecnologías emergentes.

→ Desmitificar la inteligencia artificial, presentándola como una herramienta accesible y estratégica para usuarios, profesionales y pymes.

→ Adquirir un conocimiento integral de los agentes IA y su impacto en los negocios.

→ Comprender cómo la inteligencia artificial puede integrarse en diferentes sectores profesionales para optimizar procesos y mejorar la eficiencia en el trabajo.

→ Aplicar los conocimientos adquiridos para identificar casos de uso de agentes de IA en contextos laborales reales, valorando su impacto en la productividad y la toma de decisiones.

1. Introducción

Vivimos en un momento de transformación sin precedentes, donde las tecnologías disruptivas están reconfigurando los cimientos de la economía global. La inteligencia artificial, la automatización, la computación cuántica y tecnologías como *blockchain* no solo están optimizando procesos, sino que están redefiniendo modelos de negocio, estructuras laborales y la manera en que las empresas crean y capturan valor.

Entre todas estas revoluciones tecnológicas, la inteligencia artificial ha sido una de las más impactantes. En los últimos años, hemos sido testigos de la democratización de la IA generativa, con modelos como *GPT, DALL-E* y otras inteligencias asiáticas, que han puesto herramientas de creación de contenido en manos de cualquier persona usuaria. Sin embargo, la evolución de la IA no se detiene en la capacidad de generar texto, imágenes, vídeos o código; ahora nos adentramos en una nueva fase: **la era de los agentes de IA autónomos.**

Mientras que la IA generativa se ha centrado en mejorar la creatividad y la eficiencia en la producción de contenido, los agentes de IA representan el siguiente nivel de inteligencia autónoma, capaz de ejecutar tareas complejas, razonar sobre sus acciones y tomar decisiones en entornos dinámicos. Estos sistemas no solo generan información, sino que planifican, aprenden y actúan, transformando sectores como la automatización empresarial, la atención al cliente, la gestión financiera, la investigación científica y la optimización logística, entre otros.

Este cambio de paradigma nos acerca a un mundo en el que los agentes de IA ya no son simples asistentes, sino colaboradores digitales con capacidad de ejecución real. A medida que las empresas incorporan estas nuevas capacidades, veremos cómo la economía evoluciona hacia modelos más flexibles, descentralizados y eficientes, donde los humanos y los agentes de IA trabajarán en conjunto para resolver problemas complejos y acelerar la innovación.

En esta nueva era, la pregunta ya no es si la IA cambiará el mundo, sino cómo las organizaciones y los individuos aprovecharán el potencial de los agentes autónomos para transformar industrias enteras.

Para comprender mejor este proceso, nos apoyaremos en la historia de Clara, una emprendedora que decidió integrar agentes de IA en su negocio. A través de su experiencia, iremos descubriendo de forma práctica cómo estas tecnologías pueden aplicarse en distintos contextos profesionales.

2. Introducción a los agentes de IA

👉 **HILO CONDUCTOR**

Clara dirige una pequeña empresa de moda sostenible. Siempre había escuchado hablar de la inteligencia artificial, pero pensaba que solo era útil para grandes compañías. Todo cambió cuando descubrió el potencial de los **agentes de IA,** sistemas capaces de tomar decisiones y actuar de forma autónoma. Empezó a imaginar cómo podrían transformar su forma de trabajar, desde la atención a la clientela hasta la logística.

A medida que la tecnología avanza, la relación entre personas y máquinas está experimentando una transformación profunda. Si bien la inteligencia artificial ya ha revolucionado la forma en que interactuamos con la información, la automatización de tareas y la generación de contenido, el siguiente paso en su evolución va más allá de la simple asistencia: los **agentes de IA** están emergiendo como sistemas autónomos capaces de operar con un nivel de independencia sin precedentes.

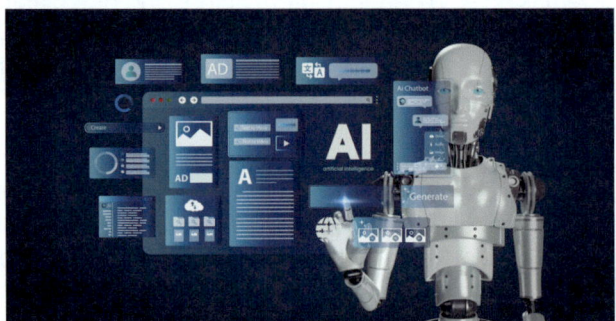

Un agente de IA es un modelo de inteligencia artificial que combina herramientas con una tarea específica para ejecutar procesos complejos, reflexionar y adaptarse

En realidad, un **agente de inteligencia artificial** es un sistema diseñado para percibir su entorno, procesar información de manera autónoma y tomar decisiones orientadas a cumplir objetivos específicos sin necesidad de una intervención humana constante, diferenciándose de simples sistemas automatizados (Russell & Norvig, 2021).

A diferencia de las automatizaciones tradicionales, los agentes de IA pueden adaptarse a situaciones nuevas, aprender de la experiencia y actuar de forma flexible según el contexto. Esto los convierte en herramientas clave para optimizar procesos, personalizar experiencias y aumentar la eficiencia en **entornos empresariales dinámicos.**

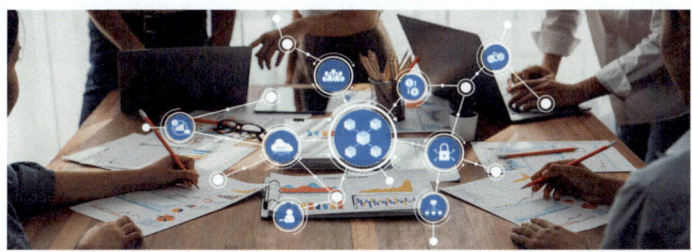

Un entorno empresarial dinámico es aquel que se caracteriza por estar en constante cambio y evolución, ya sea por factores tecnológicos, económicos, sociales, políticos o del mercado. En este tipo de entorno, las empresas deben adaptarse con rapidez a las nuevas condiciones o reglas del juego, como es el caso de la aparición de nuevas tecnologías, cambios en las preferencias de las personas consumidoras, competencia creciente o cambios normativos.

El actual paradigma empresarial convive en un contexto donde la **incertidumbre y la necesidad de adaptación continua** son la norma, lo cual exige a las organizaciones ser ágiles, innovadoras y estratégicas para mantenerse competitivas.

NOTA

La transformación digital ha dejado de ser una opción para las pymes. En la actualidad, se trata de una necesidad estratégica para sobrevivir en entornos empresariales cada vez más inciertos y totalmente competitivos. El uso de tecnologías emergentes como la inteligencia artificial, los sistemas inteligentes o la automatización avanzada se está convirtiendo en una ventaja clave para acelerar procesos y tomar mejores decisiones (Brynjolfsson & McAfee, 2017).

Gracias a su capacidad de adaptación y razonamiento autónomo, los agentes de IA no solo transforman la forma en que las empresas se enfrentan a la incertidumbre, sino que también superan los límites de la inteligencia artificial tradicional.

Mientras que los modelos clásicos requieren instrucciones explícitas para cada acción, los agentes inteligentes operan de forma más flexible y proactiva: perciben su entorno digital, evalúan estrategias posibles y toman decisiones basadas en información relevante, sin necesidad de intervención humana constante

Esta supercapacidad les permite no solo **ejecutar tareas automatizadas,** sino también **coordinar múltiples procesos, optimizar recursos y adaptarse a contextos cambiantes,** convirtiéndose en herramientas clave para la eficiencia empresarial.

El impacto de estos agentes inteligentes se extiende a numerosos ámbitos. Descúbrelo a continuación:

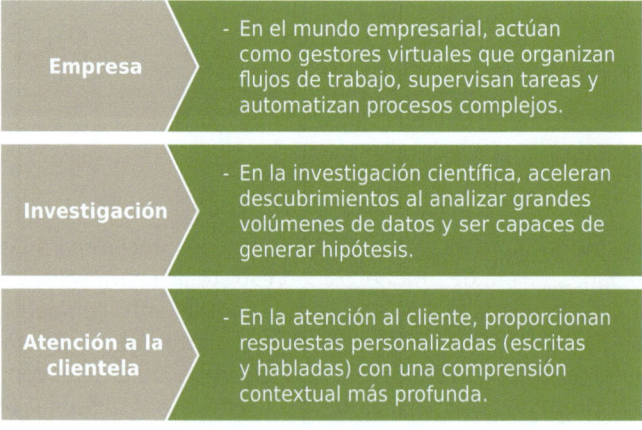

Empresa — En el mundo empresarial, actúan como gestores virtuales que organizan flujos de trabajo, supervisan tareas y automatizan procesos complejos.

Investigación — En la investigación científica, aceleran descubrimientos al analizar grandes volúmenes de datos y ser capaces de generar hipótesis.

Atención a la clientela — En la atención al cliente, proporcionan respuestas personalizadas (escritas y habladas) con una comprensión contextual más profunda.

Además, la evolución de estos sistemas está permitiendo el desarrollo de **redes de agentes interconectados,** capaces de colaborar entre sí para resolver problemas que antes requerían múltiples especialistas humanos.

Todos estos avances plantean nuevos desafíos en términos de control, seguridad y gobernanza de las organizaciones, pero también abre grandes oportunidades sin precedentes para la **innovación y la eficiencia.**

A medida que nos adentramos en esta nueva era, los agentes de IA están dejando de ser herramientas pasivas para convertirse en actores activos dentro del ecosistema digital.

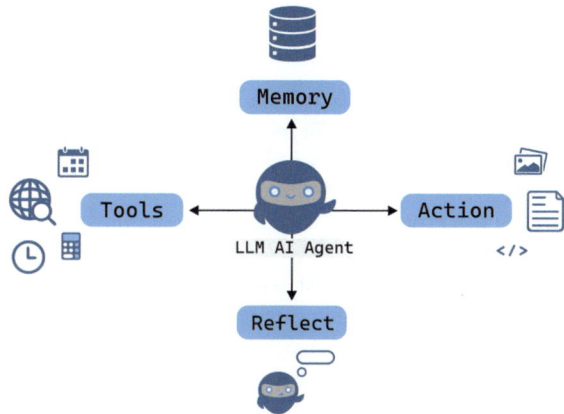

El desarrollo de los agentes de IA marcará un punto de inflexión en la forma en que las empresas, las instituciones y la sociedad en general gestionan el conocimiento, la automatización y la toma de decisiones estratégicas. La cuestión ya no es si estas tecnologías serán adoptadas, sino cómo podemos diseñarlas e integrarlas de manera responsable para maximizar su impacto positivo.

El mundo está entrando en una nueva fase de automatización y toma de decisiones impulsada por inteligencia artificial, donde los **agentes de IA** están llamados a desempeñar un papel clave en la transformación digital. Estos sistemas autónomos no solo optimizan procesos, sino que también están cambiando la forma en que trabajamos, tomamos decisiones y gestionamos información. **Descubrir, comprender y aprender a desarrollar agentes de IA** no es solo una ventaja competitiva, sino una necesidad para quienes buscan innovar y adaptarse al futuro.

A continuación, exploraremos los aspectos clave de los agentes de IA, desde su evolución y aplicaciones hasta su impacto en la economía y la importancia de aprender a crearlos:

⊃ **De la generación de contenido a la autonomía.** Hasta hace poco, el foco de la IA estaba en la generación de contenido: escribir textos, programar código, generar imágenes y vídeos. Sin embargo, los agentes de

IA llevan la inteligencia artificial un paso más allá, permitiendo que estas herramientas actúen de manera autónoma, tomen decisiones y coordinen tareas complejas sin participación de las personas. Entender su funcionamiento es clave para aprovechar su potencial y evitar quedarse atrás en un mundo donde la automatización está redefiniendo los sectores industriales.

- **Mayor productividad y automatización de procesos.** Los agentes de IA tienen la capacidad de gestionar procesos de manera dinámica, sin necesidad de intervención humana en cada paso. Empresas, *startups* y profesionales pueden beneficiarse directamente, entre otras muchas tareas, de su capacidad para:

  - Clasificar correos electrónicos y gestionar respuestas.
  - Automatizar el servicio de atención al cliente.
  - Coordinar tareas administrativas y operativas.
  - Generar informes y análisis en tiempo real.

  Quienes dominen la creación y la gestión de estos agentes podrán construir soluciones personalizadas que resuelvan problemas específicos y maximicen la eficiencia.

- **Impacto en la economía y en los modelos de negocio.** A medida que los agentes de IA se vuelven más sofisticados, están comenzando a reemplazar y mejorar tareas tradicionalmente realizadas por las personas. Las empresas que entiendan su funcionamiento podrán utilizarlos para escalar operaciones, reducir costes y mejorar la toma de decisiones. Aprender a crearlos y gestionarlos permite no solo adaptarse a este cambio, sino también liderarlo, creando nuevos modelos de negocio basados en IA autónoma.

- **La IA como aliada y no como amenaza.** Existe la percepción de que la inteligencia artificial podría reemplazar empleos, pero, en realidad, su mayor valor está en potenciar las capacidades humanas. Esto permite que los profesionales se concentren en tareas más estratégicas y creativas. Comprender cómo funcionan los agentes de IA ayuda a mitigar riesgos, usarlos de forma ética y optimizar su rendimiento.

  - **Mitigar riesgos.** Si conocemos sus límites, podemos diseñar estrategias que combinen IA y talento humano de manera efectiva.
  - **Usarlos de forma ética.** La IA debe ser diseñada para ser transparente, justa y alineada con los valores humanos.
  - **Optimizar su rendimiento.** Saber cómo crearlos permite personalizar sus capacidades según nuestras necesidades.

◗ **De usuarios a creadores de tecnología.** No basta con saber que los agentes de IA existen, el verdadero valor está en aprender a diseñarlos, construirlos y aplicarlos a problemas reales. En un mundo donde la tecnología avanza a un ritmo acelerado, quienes sepan alzar soluciones con IA serán los que lideren la próxima revolución digital. No se trata solo de aprender sobre IA, sino de participar activamente en su desarrollo.

IMPORTANTE

Descubrir y comprender qué son los agentes de IA no es solo una cuestión de curiosidad tecnológica, sino una habilidad esencial en la era digital actual. Quienes aprenden a crearlos no solo mejoran su productividad y automatización, sino que también adquieren una ventaja estratégica competitiva en un mundo donde la inteligencia artificial ya es un factor determinante en el éxito de empresas y profesionales. Dicho esto, podemos afirmar que la IA ya no es solo una herramienta, **es un socio en la innovación y en la eficiencia.**

- -

APLICACIÓN PRÁCTICA

Mónica trabaja en una *startup* de *marketing* digital. Hasta hace poco, utilizaban solo IA generativa para redactar contenido, pero recientemente Mónica ha empezado a usar un sistema que le permite asignar tareas, tomar decisiones autónomas y adaptarse a nuevas situaciones sin su intervención constante. Mónica está fascinada con este cambio.

¿Qué tipo de sistema está utilizando ahora Mónica?

Solución

Un agente de IA autónomo. Mónica ha comenzado a usar agentes de IA, que van más allá de los simples asistentes: estos agentes pueden planificar, actuar de forma autónoma y adaptarse al entorno, lo que los convierte en herramientas clave para la transformación digital.

- -

TAREA 1

Gustavo gestiona una pequeña empresa de productos ecológicos. Ha escuchado hablar de la transformación digital y quiere adaptarse a las nuevas exigencias del mercado, pero no sabe por dónde empezar. Se pregunta por qué esta transformación es tan relevante y qué papel juegan tecnologías como la IA en este proceso.

En este sentido, es importante entender en qué consiste la transformación digital y por qué es clave descubrir una panorámica empresarial con tecnologías emergentes. Por todo ello, ¿podrías explicar a Gustavo qué beneficios puede aportarle la transformación digital y cómo tecnologías como los agentes de IA pueden impulsar su negocio?

- -

3. Diferencias entre automatización y los agentes de IA

 **HILO CONDUCTOR**

Al principio, Clara no entendía la diferencia entre los sistemas automatizados que ya usaba (como su herramienta de *e-mail marketing)* y los nuevos agentes de IA. Al explorarlos, comprendió que mientras la automatización solo seguía reglas fijas, un agente de IA podía analizar datos, aprender de ellos y decidir por sí mismo cómo actuar. Fue entonces cuando vio que estos agentes no eran solo máquinas, sino auténticos aliados estratégicos.

- -

En el actual contexto, donde la tecnología avanza a pasos agigantados, comprender la diferencia entre **automatización tradicional** y **agentes de IA** es clave para mejorar muchos aspectos:

1. Tomar mejores decisiones.
2. Aprovechar al máximo las herramientas tecnológicas disponibles.
3. No quedarse atrás en el camino hacia la transformación digital.

Seguidamente, comprenderás mejor por qué son tan importantes estos aspectos:

➲ **Evitar confusiones y expectativas incorrectas.** Muchas personas creen que cualquier proceso automatizado ya es inteligente, cuando en realidad la automatización tradicional solo sigue reglas fijas:

  ☯ **Automatización:** sigue pasos predefinidos (A → B → C).
  ☯ **Agente de IA:** toma decisiones dinámicas basadas en datos entrantes, reflexiona y aprende sobre su proceso para optimizar resultados.

Por ejemplo, si configuras un *chatbot* con respuestas predefinidas, este solo podrá responder a preguntas para las que está programado. Un agente de IA, en cambio, comprende el contexto y es capaz de adaptar sus respuestas. Esta habilidad tecnológica lo hace mucho más flexible y dinámico. Distinguir estos conceptos ayuda a elegir la solución más adecuada según la necesidad.

➲ **Seleccionar la mejor tecnología según uso o necesidad.** No todas las situaciones requieren IA avanzada. A veces, una simple automatización es más que suficiente:
¿Cuándo usar automatización tradicional?

  ☯ Cuando el proceso es repetitivo y siempre sigue los mismos pasos.
  ☯ Si no hay variaciones en la tarea ni necesidad de decisiones complejas.

¿Cuándo usar agentes de IA?

  ☯ Cuando se necesita adaptabilidad y toma de decisiones autónoma.
  ☯ Si el sistema debe aprender y mejorar con el tiempo.

Por ejemplo, un sistema que solo envía correos de bienvenida cuando una persona usuaria se registra, puede perfectamente funcionar con una automatización simple. Pero, si queremos un agente que detecte las necesidades del usuario y personalice la comunicación entre las partes interesadas, entonces la IA es la mejor opción.

➲ **Maximizar la eficiencia y la innovación.** Saber diferenciar estos conceptos permite que empresas y profesionales optimicen su tiempo y sus recursos.

  ☯ No se trata solo de automatizar tareas, sino de crear sistemas que piensen y se adapten al contexto de cada situación.
  ☯ Apostar por la tecnología correcta mejora la productividad y reduce costes a largo plazo.

Por ejemplo:

  ☯ **Automatización tradicional.** Un CRM que envía automáticamente correos a clientes.

◍ **Agente de IA.** Un asistente que analiza la interacción con cada cliente y decide qué contenido enviar según su comportamiento y sus intereses.

Las empresas que logran integrar IA en sus procesos obtienen una ventaja competitiva, ya que pueden responder mejor a cambios del mercado.

➲ **Tener mejor preparación para el futuro laboral.** Los agentes de IA están revolucionando muchos sectores, además de estar cambiando la forma en la que trabajamos.

◍ Comprender esta diferencia permite que nos podamos adaptar a las nuevas tecnologías en lugar de ser reemplazado por ellas.

◍ Saber cómo funcionan los agentes de IA y cómo se diferencian de las automatizaciones es una habilidad clave para cualquier profesional del futuro.

Por ejemplo, alguien que sabe programar reglas en un sistema de automatización puede quedarse atrás si no comprende cómo funcionan los agentes de IA, que están diseñados para resolver problemas con total autonomía.

➲ **Aprovechar oportunidades de negocio y de emprendimiento.** Quienes entienden bien esta diferencia pueden desarrollar más fácilmente nuevas soluciones innovadoras.

◍ Si conocemos bien cómo operan los agentes de IA, podemos crear productos o servicios que realmente aporten valor, creativos e innovadores.

◍ Las *startups* que incorporan agentes de IA en lugar de simples automatizaciones pueden disrumpir mercados, cambiando bruscamente el sistema para escalar mucho más rápido.

Por ejemplo, las primeras empresas en usar *chatbots* simples ya se están quedando atrás frente a fuertes competidores que utilizan agentes de IA más avanzados, capaces de ofrecer respuestas personalizadas y mejorar con el tiempo.

IMPORTANTE

La inteligencia artificial no es el futuro, sino el presente, y quienes comprendan estos conceptos podrán liderar la transformación digital. No se trata solo de usar tecnología, sino de entender cómo funciona, seleccionarla y aplicarla de forma estratégica.

ACTIVIDAD COMPLEMENTARIA

1. Investiga breves artículos, informes, infografías o estudios recientes que hablen sobre el impacto de la automatización y los agentes de IA en el empleo del futuro. Utiliza esa información para reflexionar sobre los cambios en el mercado laboral y responde a la siguiente pregunta:

   ¿Qué habilidades crees que serán más necesarias en este nuevo escenario laboral impulsado por la automatización y los agentes de IA?

   Puedes incluir competencias duras y blandas, como habilidades técnicas *(hard skills)* y sociales *(soft skills)*, o incluso capacidades que consideres que deben reforzarse desde edades tempranas. Justifica tu respuesta con al menos **una fuente fiable** y, si lo deseas, añade ejemplos concretos.

Para terminar de asentar las diferencias entre automatización tradicional y los agentes de IA, vamos a imaginar a continuación dos sencillos escenarios:

Escenario 1. Automatización tradicional	Escenario 2. Agentes de IA

- Piensa en una cinta transportadora en una fábrica. La máquina está programada para mover productos de un punto A hacia un punto B, siempre siguiendo los mismos pasos. Si algo cambia en el proceso, la máquina no puede adaptarse por sí sola, necesitaría que alguien la reprograme para que funcione con la nueva condición.	- Ahora, imagina un robot en un almacén inteligente. Este robot no solo transporta productos, sino que también puede decidir qué camino tomar si hay obstáculos, priorizar paquetes urgentes y aprender de experiencias pasadas. No necesita que alguien reprograme la máquina manualmente para cada cambio, porque es capaz de razonar y adaptarse por sí misma.

A medida que las empresas buscan mayor eficiencia, los agentes de IA están reemplazando muchas automatizaciones tradicionales, permitiendo una **gestión más inteligente, escalable y autónoma**.

NOTA

La automatización tal y como hoy en día se conoce es excelente para tareas repetitivas y predecibles, mientras que los agentes de IA ofrecen flexibilidad e inteligencia a los procesos, lo cual permite que estos agentes tomen decisiones en tiempo real y sean capaces de adaptarse al medio y a los cambios sin ninguna intervención humana.

Toma nota de la siguiente tabla que resume las principales diferencias entre la automatización y los agentes de IA y que, además, muestra un sencillo ejemplo.

TABLA COMPARATIVA AUTOMATIZACIÓN VS. AGENTES DE IA

Característica	Automatización tradicional	Agentes de IA
Ejecución	Sigue instrucciones fijas (reglas predefinidas).	Son capaces de tomar decisiones y adaptarse.
Flexibilidad	Funciona bien en tareas repetitivas sin cambios.	Se ajustan a diferentes escenarios sin necesidad de reprogramación.
Aprendizaje	No aprende de la experiencia; si cambia algo, necesita nuevos ajustes manuales.	Aprenden y mejoran con el tiempo gracias a datos y la retroalimentación continua.
Uso de herramientas	Puede usar herramientas, pero necesita instrucciones específicas para cada una de ellas. Por ejemplo: Cada vez que alguien envía un correo con la palabra "factura", el sistema lo etiqueta automáticamente como "Facturas". Si mañana se decide que también se etiqueten los correos con "pago pendiente", alguien debe **reprogramar manualmente** la automatización.	Es capaz de seleccionar qué herramientas utilizar y combinarlas según la situación. Por ejemplo: Lee el contenido del correo, **comprende el contexto** y decide si debe etiquetarlo como "factura", "urgente" o "pendiente de pago". Aprende de cada clasificación, por lo que **si detecta un nuevo patrón, es capaz de adaptarse sin necesidad de ser reprogramado.**

APLICACIÓN PRÁCTICA

Luis trabaja en una empresa que usa macros en Excel para generar informes mensuales. Un día, su equipo decide implementar un sistema que no solo genera los informes automáticamente, sino que también los interpreta, detecta anomalías y propone acciones concretas. Luis nota que esta nueva herramienta va más allá de la automatización que conocía.

¿Qué distingue principalmente al nuevo sistema que usa Luis?

Solución

Es un agente de IA con capacidad de razonamiento. A diferencia de la automatización tradicional, los agentes de IA no solo ejecutan instrucciones predefinidas, sino que también pueden analizar información, tomar decisiones y adaptarse al entorno, ofreciendo soluciones más inteligentes y eficientes.

----

4. Aplicaciones de los agentes IA en las empresas

👉 HILO CONDUCTOR

Decidida a innovar, Clara empezó a aplicar agentes de IA en diferentes áreas de su empresa. Uno clasificaba los correos de clientas según su urgencia, otro respondía preguntas frecuentes en la web, y otro más analizaba las ventas mensuales y sugería mejoras. En menos de un mes, Clara logró reducir un 40 % su carga operativa, mejorar la experiencia de compra y optimizar su comunicación digital sin ampliar el equipo humano.

La inteligencia artificial está revolucionando la forma en que las empresas y los profesionales gestionan sus tareas diarias. Más allá de la automatización tradicional, los agentes de IA han abierto un nuevo mundo de posibilidades, permitiendo optimizar procesos, mejorar la productividad y reducir la carga de trabajo manual.

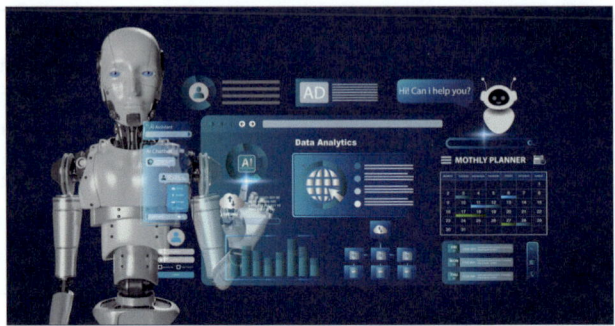

Desde la gestión del correo electrónico hasta la supervisión de proyectos, pasando por la atención al cliente, la logística y la generación de informes, estos agentes son capaces de ejecutar tareas de forma autónoma, aprender con el tiempo y colaborar con otros sistemas para alcanzar resultados mucho más eficientes y eficaces.

En los siguientes apartados, exploraremos de forma genérica las **principales aplicaciones de los agentes de IA,** sus beneficios y cómo están transformando sectores clave. Avanza por cada apartado para descubrir cómo estas soluciones pueden impulsar la eficiencia y la innovación en distintos ámbitos.

4.1. Automatización de la gestión del correo electrónico

Para cualquier empresa o para cualquier profesional, **la gestión del correo electrónico** puede ser una tarea realmente abrumadora. Sin embargo, con los agentes de IA es posible optimizar este proceso clasificando correos, priorizando los más importantes y generando respuestas automáticas totalmente personalizadas. Además, y entre muchas otras posibilidades, se pueden filtrar correos no deseados para mejorar aún más la productividad.

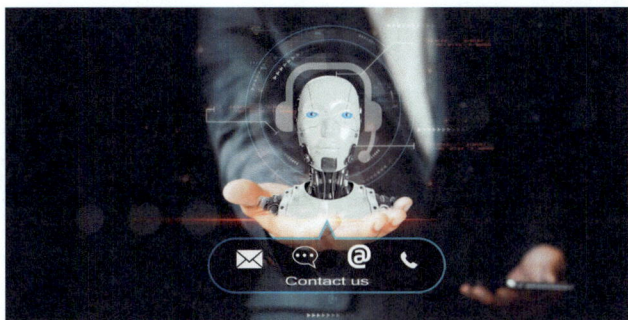

Con un agente de IA es posible optimizar la gestión de la bandeja de entrada de correos electrónico con la automatización de la clasificación, la priorización y la respuesta de los mensajes para una comunicación más eficiente y sin esfuerzo. Al mismo tiempo, también es posible conectar la aplicación de mensajería con otras herramientas de uso habitual como hojas de cálculo, aplicaciones como Notion, Slack y un largo etcétera.

Veamos a continuación una representación sencilla de cómo todo esto es posible gracias a la intervención de los agentes de IA:

- **Aplicación.** Etiquetar, priorizar y responder automáticamente correos electrónicos. La gestión del correo electrónico suele ser una tarea repetitiva que demanda tiempo. Con agentes de IA, es posible automatizar la clasificación, la priorización y la respuesta de correos electrónicos de forma eficiente, reduciendo la carga de trabajo y mejorando la productividad.
- **Casos de uso:**

    - Clasificación inteligente:

        - Identifica y etiqueta automáticamente correos en categorías como "importantes", "facturas" o cualquier otra denominación de etiqueta personalizada según las necesidades del usuario.
        - Utiliza algoritmos de aprendizaje automático para mejorar la precisión con el tiempo.

    - Respuestas automáticas personalizadas:

        - Genera respuestas automáticas adaptadas al contenido y el tono del mensaje.
        - Incluye información relevante basada en el historial del usuario.
        - Permite programar respuestas predeterminadas para ciertos remitentes o temas específicos.

↻ Filtrado de *spam* y correos no deseados:

⇕ Detecta correos sospechosos y los redirige a la carpeta correspondiente.

⇕ Reduce el tiempo perdido en revisar mensajes no relevantes.

⇕ Aprende de interacciones previas para mejorar su sistema de filtrado.

La gestión del correo electrónico a través de agentes de IA es una opción que proporciona múltiples beneficios a profesionales, empresas y organizaciones. Implementar la automatización en la gestión del correo electrónico no solo optimiza el flujo de trabajo, sino que también aporta **beneficios clave** que mejoran la eficiencia y la comunicación.

Descubre cómo estos beneficios pueden transformar la manera de gestionar los correos electrónicos y optimizar el tiempo:

Ahorro de tiempo
- Reduce significativamente el tiempo dedicado a la organización de las comunicaciones por correo electrónico.

Mayor productividad
- Permite centrarse en tareas estratégicas en lugar de la gestión manual de mensajes.

Mejor experiencia de usuario
- Respuestas rápidas y precisas mejoran la comunicación y la satisfacción con la clientela o los proveedores.

Reducción de errores humanos
- Minimiza el riesgo de perder correos importantes, olvidar responder a mensajes o hacerlo de forma incorrecta.

SABÍAS QUE...

Los agentes de IA no solo pueden ayudarte con tareas básicas, sino que también se están utilizando en aplicaciones mucho más avanzadas. Por ejemplo,

Continúa en página siguiente >>

<< Viene de página anterior

pueden integrarse con sistemas CRM para registrar automáticamente las interacciones con clientes, facilitando el seguimiento y la trazabilidad. También permiten automatizar procesos como aprobaciones y solicitudes en entornos corporativos, analizando y gestionando correos electrónicos sin necesidad de intervención humana. Además, existen asistentes de correo impulsados por IA capaces de sugerir respuestas, detectar prioridades y clasificar mensajes según su urgencia y contenido.

 ACTIVIDAD COMPLEMENTARIA

2. Además de las funciones como clasificar correos, responder automáticamente a mensajes o detectar correos *spam,* existen muchas otras automatizaciones posibles en la gestión del correo electrónico gracias a esas tareas que pueden ser asignadas a agentes de IA.

   Busca en la web qué otras funcionalidades pueden mejorar la productividad laboral o empresarial en cuanto a la gestión del correo electrónico.

4.2. Atención al cliente automatizada

Para empresas y negocios de cualquier tamaño, ofrecer un servicio de atención al cliente eficiente y rápido es un reto constante. Con los agentes de IA, es posible optimizar este proceso mediante ***chatbots* inteligentes** capaces de interactuar con las personas usuarias, responder preguntas frecuentes y escalar casos complejos a profesionales cuando la circunstancia lo requiera. Estos sistemas no solo mejoran la experiencia del cliente, sino que también reducen la carga de trabajo en los equipos de soporte.

Con un Agente de IA es posible mejorar la atención al cliente automatizando respuestas, personalizando interacciones y gestionando consultas con total eficiencia

Veamos, a continuación, cómo los agentes de IA son capaces de transformar el área de atención al cliente a fin de optimizar la comunicación con los usuarios:

- **Aplicación.** Automatización del servicio de atención al cliente mediante *chatbots* y asistentes virtuales. Ofrecer soporte al cliente suele ser una tarea que consume tiempo y recursos. Con los agentes de IA, es posible automatizar respuestas, mejorar la personalización de la comunicación y gestionar consultas de manera eficiente.
- **Casos de uso:**

  - **Respuestas automatizadas a preguntas frecuentes:**

    - Responde instantáneamente a consultas comunes como horarios, precios y políticas de la empresa.
    - Reduce la carga de trabajo del equipo de atención al cliente al gestionar solicitudes repetitivas.
    - Utiliza inteligencia artificial para interpretar el contexto de la pregunta y proporcionar respuestas más precisas.

  - **Escalado inteligente de consultas:**

    - Identifica casos complejos que requieren la intervención de un agente humano.
    - Transfiere las conversaciones con toda la información relevante para evitar que el cliente repita su problema.
    - Mejora la eficiencia del servicio al priorizar solicitudes urgentes.

Ο Personalización en la comunicación:

↕ Adapta las respuestas según el historial de interacciones del cliente.

↕ Utiliza el aprendizaje automático para mejorar la calidad de las respuestas con el tiempo.

↕ Integra el *chatbot* con sistemas CRM para ofrecer información más relevante en cada interacción.

La automatización de la atención al cliente a través de agentes de IA ofrece múltiples beneficios para profesionales autónomos, empresas y organizaciones. Implementar estos sistemas no solo mejora la comunicación con los clientes o usuarios, sino que también optimiza la eficiencia operativa, consiguiendo reducir costes.

Observa cómo estos beneficios pueden mejorar el servicio de atención al cliente y optimizar la gestión de consultas:

⊃ Disponibilidad 24/7:

Ο Responden consultas en cualquier momento, eliminando las restricciones de horarios de atención.

Ο Garantizan asistencia inmediata sin necesidad de esperar a un agente humano.

⊃ Respuestas instantáneas y precisas:

Ο Utilizan procesamiento de lenguaje natural (PLN) para interpretar y responder preguntas con información precisa.

Ο Aprenden continuamente de interacciones anteriores para mejorar la calidad de sus respuestas.

⊃ Optimización del trabajo humano:

Ο Liberan a las personas y a los equipos de trabajo de esas tareas repetitivas de bajo valor, permitiéndoles centrarse en otras actividades que requieren de empatía y juicio humano y que son más estratégicas.

Ο Actúan como asistentes que apoyan al personal, proporcionando información veloz y/o ejecutando acciones previas a la intervención del agente humano.

- **Gestión simultánea de múltiples consultas:**

  - Atienden a cientos o miles de clientes al mismo tiempo sin afectar a la calidad del servicio.
  - Evitan cuellos de botella en momentos de alta demanda.

- **Personalización de la experiencia del cliente:**

  - Acceden a historiales y preferencias del usuario para ofrecer respuestas adaptadas a cada caso.
  - Pueden identificar patrones de comportamiento y anticiparse a necesidades futuras.

- **Reducción de errores humanos:**

  - Automatizan tareas repetitivas para evitar fallos en la información proporcionada.
  - Permiten un seguimiento preciso de solicitudes y gestiones sin olvidos ni confusiones.

- **Escalamiento inteligente de consultas complejas:**

  - Filtran y resuelven preguntas frecuentes sin intervención humana.
  - Identifican consultas que requieren asistencia humana y las derivan con contexto y detalles relevantes para agilizar la resolución.

- **Optimización de costes operativos:**

  - Reducen la necesidad de un gran equipo de atención al cliente, disminuyendo costes laborales.
  - Aumentan la eficiencia sin comprometer la calidad del servicio.

 **NOTA**

Un servicio eficiente en atención al cliente se caracteriza por su capacidad para ofrecer respuestas rápidas, precisas y personalizadas, minimizando tiempos de espera y optimizando la experiencia del usuario. Se logra cuando el cliente obtiene soluciones efectivas sin demoras ni complicaciones, permitiendo que la empresa gestione sus recursos de manera óptima.

SABÍAS QUE...

Los agentes de IA no solo pueden, sino que ya están integrados con servicios de mensajería como *WhatsApp* y otras RR. SS., facilitando una atención a la clientela de forma continua en tiempo real. Igualmente, muchos de estos sistemas son capaces de **analizar el tono emocional del usuario** (ya sea enojo, confusión o satisfacción) durante la conversación, adaptando el lenguaje y la respuesta del agente para mejorar la empatía, resolver conflictos con mayor eficacia y ofrecer una experiencia de servicio mucho más humana y personalizada.

4.3. Automatización de la gestión de proyectos

La planificación y la supervisión de proyectos pueden volverse procesos muy complejos que requieren tiempo de dedicación, especialmente cuando se manejan múltiples tareas, equipos y plazos ajustados. Con los agentes de IA, es posible **optimizar la gestión de proyectos** automatizando la asignación de tareas, adaptando cronogramas de forma dinámica y generando reportes de progreso en tiempo real. Estas soluciones no solo reducen la carga administrativa, sino que también mejoran la eficiencia y la coordinación del equipo.

Gracias a sus capacidades de análisis en tiempo real, los agentes de IA pueden anticipar posibles retrasos, identificar cuellos de botella y proponer ajustes proactivos en la planificación, ayudando a tomar decisiones más informadas y ágiles en cada etapa del proyecto.

Veamos a continuación cómo los agentes de IA pueden transformar la forma en que se organizan y supervisan los proyectos:

⮑ **Aplicación.** Automatización de la supervisión y la planificación de proyectos. Coordinar múltiples tareas y equipos puede ser un desafío, pero con los agentes de IA es posible optimizar los flujos de trabajo, anticipar retrasos y mejorar la eficiencia en la ejecución de cada etapa del proyecto.

⮑ **Casos de uso:**

    ⟲ **Creación de cronogramas dinámicos:**

        ⇕ Planifica tareas en función de la disponibilidad del equipo y los plazos establecidos.

        ⇕ Ajusta los cronogramas automáticamente en caso de retrasos o cambios en las prioridades.

        ⇕ Integra herramientas de planificación para mantener una visión global del proyecto.

    ⟲ **Asignación inteligente de tareas:**

        ⇕ Distribuye tareas de forma automática según la carga de trabajo y las habilidades de cada miembro del equipo.

        ⇕ Permite reasignaciones rápidas en caso de imprevistos.

        ⇕ Mejora la eficiencia al garantizar que los recursos se utilicen de manera óptima.

    ⟲ **Generación de reportes de progreso:**

        ⇕ Recopila datos sobre el estado del proyecto y genera informes en tiempo real.

        ⇕ Analiza el desempeño del equipo y detecta posibles cuellos de botella.

        ⇕ Proporciona métricas clave para la toma de decisiones estratégicas.

A medida que los agentes de IA recopilan datos de múltiples proyectos, podrían ser capaces de identificar patrones y aprender de experiencias pasadas. Esto les permite hacer recomendaciones más precisas, prever riesgos con mayor antelación y proponer mejoras continuas en la planificación y la ejecución de proyectos futuros. En entornos ágiles, esta capacidad de adaptación marca sin duda una diferencia clave en la competitividad de los equipos.

Ya sabemos que la automatización en la gestión de proyectos con agentes de IA no solo mejora la organización y el control, sino que también permite una ejecución más ágil y eficiente. Implementar estos sistemas facilita la planificación y optimiza el rendimiento de los equipos de trabajo.

IMPORTANTE

En la gestión de proyectos, una **ejecución ágil y eficiente** implica la capacidad de completar tareas de forma rápida, organizada y optimizada, minimizando retrasos y maximizando la productividad. Los **agentes de IA** desempeñan un papel clave en este proceso al automatizar tareas administrativas, optimizar la asignación de recursos y mejorar la toma de decisiones en tiempo real.

- -

Descubre cómo estos beneficios aportados por los agentes de IA pueden transformar la gestión de proyectos y potenciar la productividad de un equipo:

➲ **Automatización de tareas repetitivas:**

　◔ Delegan procesos como la creación de informes, la asignación de tareas y la actualización de cronogramas.
　◔ Eliminan la necesidad de intervención manual en actividades operativas, permitiendo que los equipos se enfoquen en aspectos estratégicos del proyecto.

➲ **Planificación y reestructuración dinámica:**

　◔ Ajustan planes de trabajo en función del avance del equipo y posibles contratiempos.
　◔ Recalibran cronogramas y redistribuyen tareas de forma automática cuando surgen imprevistos.

➲ **Optimización de recursos y asignación inteligente de tareas:**

　◔ Identifican qué miembros del equipo están disponibles y cuál es su nivel de carga de trabajo.
　◔ Distribuyen tareas según habilidades y prioridades, evitando sobrecarga o ineficiencias.

➲ **Monitoreo en tiempo real y generación de reportes automáticos:**

　◔ Recopilan y analizan datos en tiempo real sobre el estado del proyecto.
　◔ Proporcionan reportes detallados con *insights* clave sobre avances, obstáculos y métricas de rendimiento.

⮌ **Reducción de errores:**

- ◡ Identifican inconsistencias o posibles riesgos antes de que afecten el desarrollo del proyecto.
- ◡ Proporcionan alertas tempranas sobre tareas atrasadas o bloqueos en el flujo de trabajo.

⮌ **Mejora en la comunicación y la colaboración:**

- ◡ Facilitan la coordinación entre equipos distribuidos, asegurando que la información fluya sin interrupciones.
- ◡ Integran herramientas de gestión como *Slack, Trello, Asana, Monday.com* o incluso *Jira* para sincronizar datos y mantener a todos los miembros informados.

⮌ **Escalabilidad sin aumentar costes operativos:**

- ◡ Permiten gestionar múltiples proyectos simultáneamente sin requerir más personal.
- ◡ Aseguran que los procesos sean más rápidos sin sacrificar la calidad del trabajo.

 SABÍAS QUE...

Al integrar agentes de IA en la gestión de proyectos, también se pueden mejorar la motivación y el bienestar del equipo. Al asumir las tareas más repetitivas y operativas, los agentes permiten que las personas se enfoquen en actividades mucho más creativas, estratégicas y motivadoras. Esto incrementa la satisfacción laboral, reduce el estrés de las personas colaboradoras y favorece un ambiente de trabajo mucho más saludable y productivo.

4.4. Soporte automatizado en procesos de ventas

La gestión del ciclo de ventas es un proceso clave para cualquier negocio, pero puede volverse complejo cuando se manejan múltiples tipos de clientes, propuestas y seguimientos. Con los agentes de IA, es posible optimizar cada fase del proceso, desde la **clasificación de *leads*** hasta la **automatización del seguimiento y la personalización de propuestas.** Esto permite que los equipos comerciales se enfoquen en cerrar más ventas sin perder tiempo en tareas repetitivas.

Con un agente de IA, la gestión de ventas se optimiza automatizando la clasificación de leads, el envío de propuestas personalizadas y el seguimiento de clientes potenciales, permitiendo un proceso más optimizado

A continuación, exploraremos cómo los agentes de IA son capaces de transformar los procesos de ventas y mejorar la conversión de clientes:

➲ **Aplicación.** Automatización del ciclo de ventas y seguimiento de clientes. La gestión manual de clientes potenciales suele generar retrasos y pérdida de oportunidades. Con agentes de IA, es posible clasificar *leads,* personalizar la comunicación y garantizar un seguimiento más oportuno.

➲ **Casos de uso:**

 ○ **Clasificación inteligente de *leads:***

 ⬍ Analiza los datos de clientes potenciales y los categoriza según su nivel de interés.
 ⬍ Prioriza oportunidades con mayor probabilidad de conversión.
 ⬍ Reduce el tiempo dedicado a *leads* no calificados, enfocando los esfuerzos en prospectos de alto valor.

 ○ **Automatización del envío de propuestas personalizadas:**

 ⬍ Genera documentos y correos con información adaptada a cada cliente.
 ⬍ Usa el historial de interacciones para personalizar la oferta y mejorar la tasa de conversión.
 ⬍ Integra la información con CRM y sistemas de ventas para un proceso más eficiente.

◑ **Seguimiento automatizado y recordatorios:**

⇕ Envía recordatorios automáticos a vendedores sobre clientes que necesitan seguimiento.

⇕ Notifica a los clientes sobre próximas reuniones, vencimientos de ofertas o actualizaciones de productos.

⇕ Reduce la pérdida de oportunidades por falta de comunicación o tiempos de respuesta largos.

La optimización del proceso de ventas con agentes de IA no solo mejora la eficiencia del equipo comercial, sino que también permite **una experiencia más fluida y personalizada para los clientes.** Al integrar estas herramientas, las empresas mejoran su tasa de conversión. También pueden garantizar un **seguimiento más efectivo de cada oportunidad de negocio.**

Descubre cómo estos beneficios pueden potenciar las estrategias de ventas y hacer que un equipo logre más cierres en menos tiempo:

Mayor eficiencia en la gestión de *leads*
- Permite identificar y priorizar oportunidades con mayor probabilidad de conversión, optimizando el tiempo del equipo de ventas.

Reducción del tiempo en tareas manuales
- Automatiza la generación de propuestas y el seguimiento de clientes, reduciendo la carga de trabajo repetitiva.

Mejor experiencia para el cliente
- Facilita respuestas más rápidas y personalizadas, mejorando la comunicación y la confianza del comprador.

Incremento en la tasa de conversión
- Optimiza cada etapa del proceso de ventas, asegurando que ninguna oportunidad valiosa quede sin seguimiento.

SABÍAS QUE...

Los agentes de IA pueden integrarse con herramientas de ventas como *Salesforce* para optimizar la gestión de clientes y *leads.* También, algunos sistemas avanzados son capaces de predecir el comportamiento de compra basándose en interacciones previas, ayudando a los equipos comerciales a diseñar estrategias óptimas.

- -

Uno de los mayores retos en comercio electrónico es el abandono de carritos, una situación en la que los usuarios navegan por una *e-commerce* y añaden productos a la cesta, pero no finalizan la compra. Aquí es donde un agente de IA puede marcar la diferencia, actuando de forma proactiva para recuperar esa venta.

Descubre a continuación cómo actuaría un agente de IA en un caso hipotético donde una supuesta clienta llamada Laura está navegando por una tienda *online* de productos deportivos. Ella añade unas zapatillas de *running* a su carrito, pero justo cuando va a pagar, recibe una llamada y abandona el sitio web sin completar la compra:

- **Detección automática.** El agente de IA detecta que Laura ha abandonado el carrito con artículos sin comprar.
  ¿Qué acción debería tomar?

  - Enviar un recordatorio por correo 15 minutos después.
  - Esperar unas horas y luego ofrecer un descuento.
  - Notificar al equipo comercial para un seguimiento manual.

  El agente elige enviar un recordatorio automático a los 15 minutos con el asunto: "¡Tus zapatillas aún te esperan, Laura!".
- **Personalización del mensaje.** El agente de IA sabe que ella suele comprar solo cuando hay envío gratis.
  ¿Qué debería incluir el mensaje?

  - Un código de descuento en el producto.
  - Una oferta de envío gratuito limitada a 24 horas.
  - Un recordatorio sin incentivo.

  El agente añade: "Solo por hoy: ¡envío gratis en tu pedido!".

⊃ **Reacción del cliente.** Laura recibe el correo mientras revisa su bandeja de entrada por la noche. El asunto y la oferta llaman su atención. ¿Qué hace?

- Ignora el mensaje.
- Vuelve al carrito y finaliza la compra.
- Consulta otros productos antes de decidir.

Laura vuelve al sitio, completa su compra y agradece la rapidez y la personalización del mensaje.
Gracias al agente de IA, la tienda recupera una venta que estaba a punto de perder, mejora la experiencia de Laura y refuerza su estrategia de fidelización.

 **NOTA**

Un agente de IA detecta automáticamente el comportamiento de un usuario web y activa una serie de acciones personalizadas. Por ejemplo, puede:

1. **Enviar un correo automatizado** minutos después del abandono, recordando al cliente los productos que dejó pendientes.
2. **Personalizar el mensaje** usando el historial de navegación y preferencias del cliente.
3. **Ajustar dinámicamente la oferta,** como añadir un descuento exclusivo si detecta que el cliente ha abandonado el carrito más de una vez.
4. **Notificar al equipo comercial** si el cliente es considerado de alto valor, para que puedan hacer un seguimiento más directo o incluso contactar por otros canales.

Con este enfoque, el agente de IA no solo recupera oportunidades de ventas perdidas, sino que también mejora la experiencia del cliente al intervenir en el momento adecuado y con el mensaje justo.

 TAREA 2

Tomás trabaja en el área comercial de una empresa de servicios. Aunque ya utilizan respuestas automáticas para los correos de clientes, quiere saber si

Continúa en página siguiente >>

<< Viene de página anterior

merece la pena implementar un agente de IA en su equipo de ventas. Le gustaría entender qué puede hacer realmente un agente de IA que no pueda lograrse con una simple automatización.

Es importante contar con conocimientos sobre los agentes de IA y su impacto en los negocios. Basándote en ello, ¿qué explicación le darías a Tomás para que entienda el valor diferencial que aporta un agente de IA en el entorno empresarial?

4.5. Automatización de la generación y el análisis de informes

El análisis de datos y la creación de informes son tareas esenciales para la toma de decisiones estratégicas, pero, sin duda, consumen mucho tiempo cuando se realizan de forma manual. Con los agentes de IA, es posible **automatizar la recopilación, el procesamiento y la presentación de datos,** permitiendo que empresas y profesionales obtengan información precisa en tiempo real. Esto no solo mejora la eficiencia, sino que también facilita el acceso a *insights* clave para la optimización de procesos y la planificación estratégica.

NOTA

En el contexto del análisis de datos y la inteligencia artificial, *insights* hace referencia a hallazgos, patrones o conclusiones valiosas extraídas de grandes volúmenes de información. Son interpretaciones clave que permiten comprender tendencias, detectar oportunidades, identificar problemas o tomar decisiones estratégicas fundamentadas.

Características de los *insights:*

- **Relevantes.** Proporcionan información útil para la toma de decisiones.
- **Accionables.** Se utilizan para optimizar estrategias o mejorar procesos.
- **Basados en datos.** No son suposiciones, sino resultados obtenidos a partir de análisis estructurados.
- **Predictivos o explicativos.** Permiten anticipar tendencias futuras o explicar fenómenos actuales.

Además de automatizar informes, los agentes de IA logran adaptar el formato y la profundidad del análisis según el perfil del usuario: desde dashboards ejecutivos para directivos hasta reportes técnicos para analistas, garantizando que cada profesional reciba exactamente la información que necesita para tomar mejores decisiones.

Seguidamente, vamos a explorar cómo los agentes de IA optimizan la generación de informes y facilitan el análisis de datos en distintos sectores:

- **Aplicación.** Automatización de la recopilación, el procesamiento y la presentación de datos. Crear informes detallados de forma manual puede ser ineficiente y propenso a errores. Con agentes de IA, se pueden generar reportes automáticamente, analizar tendencias y visualizar información clave en tiempo real.
- **Casos de uso:**

  - **Generación de reportes de rendimiento:**

    - Recopila y organiza datos de diferentes fuentes en tiempo real.
    - Crea informes detallados con métricas clave sobre desempeño y eficiencia.
    - Reduce el margen de error humano en la elaboración de reportes.

  - **Análisis de datos históricos y predicción de tendencias:**

    - Evalúa información pasada para identificar patrones y tendencias de mercado.
    - Realiza análisis predictivos que faciliten la toma de decisiones estratégicas.
    - Permite anticiparse a cambios en el comportamiento del consumidor o en la industria.

↻ Visualización y presentación automatizada de datos:

⇕ Genera *dashboards* dinámicos con gráficos y estadísticas actualizadas.
⇕ Facilita la interpretación de información mediante resúmenes y análisis detallados.
⇕ Personaliza la presentación de datos según las necesidades del usuario o la empresa.

Automatizar la generación y el análisis de informes con agentes de IA no solo **agiliza el acceso a datos estratégicos,** sino que también permite **una visión más clara y precisa de la información relevante** para la toma de decisiones. Con esta tecnología, es posible optimizar procesos y obtener *insights* en tiempo real sin esfuerzo adicional.

Descubre cómo estos beneficios pueden transformar el análisis de información en la empresa y mejorar, sin duda, la capacidad de decisión:

Acceso a información en tiempo real
- Los informes se generan automáticamente con datos actualizados, reduciendo el tiempo de espera en la toma de decisiones.

Reducción de errores humanos
- El procesamiento automatizado de datos minimiza fallos en el análisis y la presentación de información.

Mayor eficiencia en el análisis de datos
- Se pueden procesar grandes volúmenes de información sin requerir intervención manual.

Mejora en la toma de decisiones estratégicas
- Los reportes automatizados ofrecen insights precisos que permiten anticiparse a cambios y optimizar procesos.

SABÍAS QUE...

Los agentes de IA pueden perfectamente integrarse con herramientas de análisis como *Google Analytics*, *Power BI* o *Tableau*, entre otras soluciones. Con estas

Continúa en página siguiente >>

<< Viene de página anterior

integraciones es posible generar informes avanzados. Al mismo tiempo, algunos sistemas permiten la configuración de alertas automáticas para notificar tendencias clave o anomalías en los datos en tiempo real.

4.6. Gestión de Recursos Humanos

El Área de Recursos Humanos (RR. HH.) es fundamental para cualquier tipo de organización. Sin embargo, muchas de las tareas administrativas de esta área suelen ser muy repetitivas, consumiendo demasiado tiempo en sus ejecuciones. Con los agentes de IA, es posible **automatizar procesos de contratación, formación y administración,** optimizando la selección de talento, la gestión eficiente de entrevistas y la capacitación del personal. Todo ello, permite que los equipos de trabajo en el Departamento de RR. HH. se enfoquen en tareas estratégicas y, sobre todo, en mejorar la experiencia de los clientes internos o personal.

Con un agente de IA, la gestión de Recursos Humanos se optimiza automatizando la selección de candidatos, la programación de entrevistas y los procesos de formación, con el objetivo de alcanzar una administración más eficiente y eficaz.

A continuación, exploraremos cómo los agentes de IA consiguen transformar la gestión de Recursos Humanos y mejorar la eficiencia en la administración del talento:

➲ **Aplicación.** Automatización de procesos de contratación, formación y administración del talento. La gestión manual de recursos humanos puede ser ineficiente y propensa a errores. Con agentes de IA, es posible filtrar candidatos, programar entrevistas y gestionar la formación de las personas empleadas sin intervención manual.

➲ **Casos de uso:**

  ◑ **Filtrado y selección de candidatos:**

   ⇕ Analiza currículums y perfila a los mejores candidatos según los requisitos del puesto.
   ⇕ Utiliza inteligencia artificial para identificar habilidades clave y experiencia relevante.
   ⇕ Reduce el tiempo y el esfuerzo en la preselección de candidatos.

  ◑ **Automatización de entrevistas y recordatorios:**

   ⇕ Programa entrevistas automáticamente según la disponibilidad de los reclutadores y los candidatos.
   ⇕ Envía recordatorios y confirmaciones para reducir cancelaciones o ausencias.
   ⇕ Genera preguntas personalizadas según el perfil del candidato.
   ⇕ Establece una trazabilidad en las comunicaciones con personas candidatas a los puestos de trabajo ofertados.

  ◑ *Onboarding* **y capacitación automatizada:**

   ⇕ Proporciona materiales de bienvenida y formación personalizados para nuevos empleados.
   ⇕ Ofrece asistencia virtual para resolver dudas en tiempo real.
   ⇕ Evalúa el progreso del personal y hace recomendaciones de programas formativos y de entrenamiento de capacitaciones.

Automatizar la gestión de Recursos Humanos con agentes de IA permite **reducir la carga de trabajo del departamento,** mejora la experiencia de las personas candidatas a puestos de trabajo y también del personal. Igualmente, permite un **proceso de selección y formación mucho más eficiente y estructurado.**

Descubre cómo estos beneficios pueden optimizar la administración del talento en la empresa para mejorar la eficiencia operativa en el Área de RR. HH.:

Mayor eficiencia en la selección de talento
- Filtra y analiza candidatos de forma automática, reduciendo el tiempo del proceso de reclutamiento.

Optimización de la experiencia del candidato
- Facilita entrevistas programadas y automatiza comunicaciones, mejorando la percepción del proceso de selección.

Capacitación más efectiva y personalizada
- El nuevo personal contratado recibe información adaptada a su rol y sus necesidades, acelerando su total integración.

Reducción de carga administrativa
- Permite a los equipos de Recursos Humanos centrarse en la estrategia y la gestión del talento en lugar de esas tareas monótonas y repetitivas.

 SABÍAS QUE...

Los agentes de IA ya están transformando el proceso de selección de talento. Se integran con plataformas de reclutamiento como *LinkedIn Recruiter*, *Workday* o *SAP SuccessFactors*, facilitando la automatización en tareas como el filtrado de candidatos, la gestión de currículums y la programación de entrevistas. Además, en sistemas más avanzados basados en **ATS *(Applicant Tracking Systems)*,** los agentes de IA ayudan a analizar perfiles en función de palabras clave, experiencia y compatibilidad cultural, reduciendo el sesgo humano en las decisiones iniciales. Incluso existen herramientas con IA conversacional capaces de realizar entrevistas preliminares y evaluar habilidades mediante pruebas dinámicas en tiempo real.

4.7. Optimización de logística

La gestión logística es otro pilar fundamental en la eficiencia operativa de cualquier empresa, pero puede volverse compleja debido a la necesidad de coordinar múltiples variables como, por ejemplo, rutas de entrega, inventarios y tiempos de distribución. Con los agentes de IA, es posible

automatizar la planificación de rutas, gestionar el inventario y coordinar los envíos en tiempo real, asegurando una mayor precisión y reducción de costes operativos.

Al utilizar datos en tiempo real y aprendizaje automático, los agentes de IA se anticipan a interrupciones en la cadena logística, como retrasos climáticos o problemas de stock. Con esa información, los agentes reconfiguran automáticamente rutas y prioridades para mantener la eficiencia operativa sin necesidad de intervención manual.

A continuación, exploraremos cómo los agentes de IA pueden transforman la gestión logística y consiguen mejorar la eficiencia en la cadena de suministro:

⮑ **Aplicación.** Automatización de la planificación de rutas, la gestión de inventarios y la optimización de la cadena de suministro. La logística manual puede ser ineficiente y susceptible a errores, por ello, con agentes de IA es posible **optimizar las entregas, reducir desperdicios y mejorar la gestión de almacenes.**

⮑ **Casos de uso:**

    ⭮ **Planificación de rutas en tiempo real:**

        ⭥ Analiza el tráfico y las condiciones meteorológicas para calcular la ruta más eficiente.

        ⭥ Reduce los tiempos de entrega y optimiza la distribución de recursos.

        ⭥ Se adapta a cambios o imprevistos de último momento, como cancelaciones o retrasos inesperados.

    ⭮ **Gestión y reabastecimiento de inventarios:**

        ⭥ Monitorea automáticamente el nivel de *stock* en almacenes y tiendas.

        ⭥ Genera órdenes de reabastecimiento cuando los productos alcanzan niveles mínimos.

        ⭥ Optimiza la cadena de suministro al predecir la demanda futura con base en datos históricos.

Ⓤ Prevención de retrasos y optimización de procesos logísticos:

- ↕ Detecta posibles problemas en la cadena de suministro antes de que ocurran.
- ↕ Proporciona alertas en tiempo real sobre fallos en la entrega o desviaciones en los tiempos estimados.
- ↕ Mejora la coordinación entre transportistas, almacenes y centros de distribución.

Automatizar la logística con agentes de IA permite reducir costes en las operaciones llevadas a cabo, optimizar tiempos de entrega y mejorar la precisión en la gestión del inventario.

IMPORTANTE

Un sistema de agentes de IA es una tecnología que ofrece una ventaja competitiva clave al garantizar una mayor eficiencia en la planificación y la distribución de productos.

- -

Descubre cómo estos beneficios permiten transformar la logística en la empresa y mejorar la eficiencia en la cadena de suministro:

> **Reducción de costes en las operaciones**
> - Optimiza rutas de entrega y minimiza desperdicios en la gestión del inventario.

> **Mayor precisión en la planificación**
> - Los agentes de IA analizan datos en tiempo real para mejorar la toma de decisiones en la logística.

> **Optimización de tiempos de entrega**
> - La planificación automatizada reduce retrasos y mejora la satisfacción del cliente.

> **Mejor coordinación en la cadena de suministro**
> - Facilita la comunicación entre transportistas, almacenes y clientes para una logística mucho más eficiente.

SABÍAS QUE...

Los agentes de IA se pueden intengrar en sistemas de gestión logística como *SAP, Oracle Transportation Management* y *Google Maps API* para optimizar la planificación de rutas y la gestión del inventario. Igualmente, muchas empresas ya están utilizando IA predictiva para anticipar la demanda y reducir desperdicios en la cadena de suministro.

4.8. Creación de contenidos automatizados

La generación de contenido es una de las tareas más demandadas en el ecosistema digital, ya que requiere creatividad, tiempo de dedicación y una potente estrategia. Con los agentes de IA, es posible **automatizar la redacción de textos, la generación de imágenes, vídeos y la planificación de publicación de contenido.** Esto permite optimizar la producción de contenido para campañas de *marketing* para redes sociales. Estas herramientas permiten acelerar los procesos creativos sin perder calidad ni relevancia para el público objetivo.

A los agentes de IA no solo se les puede encomendar la generación de contenido, sino también asignar tareas de análisis del rendimiento en distintas plataformas para aprender qué formatos, estilos y mensajes conectan mejor con la audiencia. Esto es muy útil para optimizar futuras publicaciones con base en datos reales.

A continuación, exploraremos cómo los agentes de IA pueden transformar la producción de contenido y mejorar la eficiencia en la estrategia digital:

⊃ **Aplicación.** Automatización de la generación de textos, imágenes y vídeos. Crear contenido de manera tradicional puede ser un proceso lento y costoso, aun utilizando la inteligencia artificial generativa. Con agentes de IA, es posible **agilizar la producción, mejorar la personalización y optimizar la distribución de contenidos** en distintas plataformas.

⊃ **Casos de uso:**

◑ **Redacción de artículos y publicaciones en redes sociales:**

⇕ Genera textos optimizados para blogs, redes sociales y campañas publicitarias.

⇕ Adapta el tono y el estilo del contenido según la audiencia objetivo.

⇕ Utiliza técnicas de SEO para mejorar el posicionamiento en buscadores.

◑ **Creación de imágenes y material gráfico:**

⇕ Diseña imágenes para redes sociales, presentaciones o campañas de *marketing*.

⇕ Genera contenido visual personalizado a partir de datos y preferencias del usuario.

⇕ Integra herramientas de edición automatizada para mejorar la calidad del contenido.

◑ **Producción de guiones y vídeos automatizados:**

⇕ Redacta guiones optimizados para vídeos promocionales, educativos o corporativos.

⇕ Automatiza la generación de voz y animaciones para contenido audiovisual.

⇕ Facilita la creación de contenido en múltiples idiomas con traducción automática.

Automatizar la creación de contenido con agentes de IA no solo **acelera la producción y reduce costes,** sino que también permite **personalizar cada pieza de contenido elaborada según la audiencia objetiva.** Con ello, se logra una mayor efectividad en las estrategias de *marketing* digital y comerciales.

Descubre cómo estos beneficios pueden mejorar la producción de contenido y optimizar la estrategia de comunicación en una empresa o pequeño negocio:

Ahorro de tiempo en la producción de contenido
- Genera textos, imágenes y vídeos en cuestión de segundos sin comprometer la calidad y sin órdenes previas.

Mayor personalización y relevancia
- Los agentes de IA pueden automáticamente adaptar el contenido a diferentes audiencias y plataformas digitales.

Optimización para estrategias de *marketing*
- Integran las técnicas de SEO más innovadoras, segmentación y análisis de datos para maximizar el impacto del contenido.

Reducción de costes en la creación de materiales
- Automatiza tareas repetitivas y disminuye la necesidad de grandes equipos de producción.

 SABÍAS QUE...

Los agentes de IA pueden quedar integrados en herramientas como *Canva, Adobe Firefly, ChatGPT, Jasper* y *Midjourney* para generar de forma más eficiente contenidos de calidad. Hay que recordar que para las plataformas sociales los agentes de IA pueden analizar el rendimiento del contenido creado y sugerir mejoras en tiempo real. Todo ello, permite optimizar el impacto en RR. SS. o en campañas publicitarias.

4.9. Monitoreo de seguridad y prevención automatizada contra el fraude

La seguridad digital y la detección de fraudes son importantes desafíos para las actuales empresas y organizaciones en esta era digital. Con los agentes de IA, es posible **automatizar la supervisión de transacciones, detectar patrones sospechosos y gestionar alertas de seguridad en tiempo real,** reduciendo los riesgos y protegiendo datos críticos de **ciberataques** y **ciberfraudes.**

Gracias a su capacidad de aprendizaje continuo, los agentes de IA pueden adaptarse a nuevas tácticas de fraude, mejorando sus modelos de detección con cada intento fallido y fortaleciendo de forma progresiva las defensas digitales sin necesidad de actualizaciones manuales constantes.

A continuación, exploraremos cómo los agentes de IA pueden fortalecer la seguridad digital y minimizar los riesgos de fraude en diversas industrias o sectores:

➲ **Aplicación.** Automatización del monitoreo de seguridad y detección de fraudes. En un mundo totalmente digitalizado, las amenazas cibernéticas son cada vez más sofisticadas. Con agentes de IA, es posible detectar actividades sospechosas, analizar riesgos en tiempo real y bloquear transacciones fraudulentas antes de que estas ocurran.

➲ **Casos de uso:**

◑ **Análisis de transacciones en tiempo real:**

⇕ Monitorea continuamente las transacciones para identificar comportamientos anómalos.

⇕ Detecta patrones de fraude basados en el historial del usuario y en datos globales.

⇕ Genera alertas automáticas cuando se detecta una actividad inusual.

◑ **Identificación y bloqueo de amenazas:**

⇕ Reconoce intentos de acceso no autorizados en cuentas o sistemas internos.

⇕ Previene el uso de credenciales robadas mediante autenticación basada en IA.

⇕ Aplica bloqueos automáticos en caso de detectar un posible fraude.

○ **Gestión automatizada de alertas de seguridad:**

⇳ Prioriza y clasifica alertas según el nivel de riesgo detectado.
⇳ Reduce falsos positivos mediante análisis inteligente de datos.
⇳ Permite a los equipos de seguridad enfocarse en amenazas reales o nuevas amenazas sin desperdiciar recursos en incidentes irrelevantes.

Automatizar la seguridad y la prevención de fraudes con agentes de IA persigue **reducir los riesgos de ataques cibernéticos y cualquier tipo de acción fraudulenta,** optimizando la protección de datos y garantizando un entorno digital más seguro.

Observa cómo estos beneficios pueden mejorar la seguridad de una organización y minimizar al máximo las **vulnerabilidades** ante posibles **amenazas:**

Detección temprana de amenazas
- Los agentes de IA identifican actividades sospechosas antes de que se conviertan en problemas críticos.

Reducción de fraudes y accesos no autorizados
- Analizan patrones de comportamiento y bloquean automáticamente intentos de fraude en tiempo real.

Automatización de respuestas ante incidentes
- Generan alertas y aplican medidas de seguridad sin intervención de personas para una respuesta más rápida.

Mayor precisión en la identificación de riesgos
- Utilizan aprendizaje automático para minimizar falsos positivos y mejorar la eficiencia en la detección de amenazas.

 **SABÍAS QUE...**

Al integrarse con plataformas como *IBM Security, Palo Alto Networks* o *Splunk*, los agentes de IA no solo monitorizan en tiempo real, sino que también aplican

Continúa en página siguiente >>

<< Viene de página anterior

capacidades predictivas para identificar patrones anómalos y anticipar ciberataques antes de que ocurran. Esto les permite actuar de forma proactiva, generando alertas tempranas y protegiendo datos financieros y confidenciales con mayor eficacia.

4.10. Asistencia para la educación, la formación y la capacitación

La educación y la capacitación son áreas que han evolucionado con el uso de la inteligencia artificial. Con los agentes de IA, es posible **automatizar la personalización del aprendizaje, responder consultas en tiempo real y generar planes de formación adaptados a las necesidades individuales.** Estas soluciones permiten mejorar la experiencia del estudiante y optimizar el tiempo de los docentes y capacitadores.

Con un agente de IA, la educación y la formación se optimizan mediante la personalización del aprendizaje, la asistencia en tiempo real y la automatización de procesos educativos.

A continuación, exploraremos cómo los agentes de IA son capaces de transformar la formación y los sistemas de capacitación para mejorar las experiencias de aprendizaje:

◗ **Aplicación.** Automatización del aprendizaje y la capacitación. La educación personalizada es un reto en instituciones y empresas. Con agentes de IA, es posible adaptar los contenidos a las necesidades de cada persona, responder preguntas en tiempo real y optimizar el seguimiento del aprendizaje.

⮕ **Casos de uso:**

◊ **Diseño de programas de formación adaptativos:**

⇕ Genera materiales educativos personalizados en función del nivel y las necesidades del usuario.

⇕ Ajusta el ritmo de aprendizaje en función de la interacción del estudiante.

⇕ Evalúa el progreso automáticamente y recomienda recursos adicionales.

◊ **Asistencia virtual para resolver dudas:**

⇕ Actúa como tutor digital para responder consultas en tiempo real.

⇕ Explica conceptos complejos con ejemplos y recursos interactivos.

⇕ Funciona como soporte adicional para estudiantes y empleados en formación.

◊ **Generación de evaluaciones y análisis del rendimiento:**

⇕ Crea controles de evaluación y cuestionarios personalizados según el nivel del estudiante.

⇕ Analiza el desempeño en tiempo real y proporciona retroalimentación inmediata.

⇕ Identifica áreas de mejora y sugiere estrategias para fortalecer el aprendizaje.

La automatización de la educación y en el sector de la formación con agentes de IA permite crear experiencias de aprendizaje más dinámicas y efectivas, asegurando un enfoque adaptado a las necesidades de cada persona. Estas tecnologías pueden mejorar la calidad de la enseñanza y hacerla más accesible.

Descubre cómo estos beneficios pueden optimizar la educación y mejorar los procesos de formación en distintos entornos:

Personalización del aprendizaje
- Adapta los contenidos educativos y ajusta el ritmo según las necesidades del estudiante.

Mayor accesibilidad a la educación
- Permite que más personas accedan a formación de calidad sin limitaciones de ubicación o recursos.

Continúa en página siguiente >>

<< Viene de página anterior

Optimización del tiempo de docentes y capacitadores
- Reduce la carga administrativa y permite enfocarse en la enseñanza y la mentoría personalizada.

Evaluaciones automatizadas y análisis de rendimiento
- Facilita el seguimiento del progreso de los estudiantes y optimiza la retroalimentación.

La incorporación de agentes de IA en entornos educativos y de formación no solo mejora la experiencia del estudiante, sino que también aporta valor directo a las organizaciones.

A continuación, vamos a analizar un caso que muestra cómo un agente de IA puede transformar por completo el proceso de capacitación en una empresa, personalizando el aprendizaje y optimizando los resultados desde el primer día.

EJEMPLO

Una empresa tecnológica internacional capacita a nuevos empleados en temas como ciberseguridad, herramientas internas y metodologías ágiles. Tradicionalmente, los programas eran genéricos y poco dinámicos, lo que generaba retrasos en la incorporación y baja retención de conocimientos.

Para optimizar este proceso, la empresa implementa un agente de IA con las siguientes funciones:

- **Diseña itinerarios formativos adaptados** según el rol, la experiencia previa y el ritmo de aprendizaje de cada empleado.
- **Responde dudas en tiempo real,** actuando como tutor digital accesible 24/7, capaz de explicar procedimientos y ofrecer ejemplos prácticos.
- **Evalúa automáticamente el avance,** detectando áreas débiles y generando recomendaciones personalizadas.
- **Actualiza los contenidos** en función de cambios en herramientas o protocolos, garantizando una formación siempre actualizada.

Continúa en página siguiente >>

<< *Viene de página anterior*

Como resultado, la empresa consigue reducir en un 35 % el tiempo medio de *onboarding*, consiguiendo mejorar la satisfacción de los nuevos empleados. Igualmente, los supervisores reciben informes automáticos con el rendimiento de cada profesional, lo cual les permite dar un acompañamiento mucho más enfocado a los objetivos del negocio.

SABÍAS QUE...

Los agentes de IA pueden integrarse perfectamente en plataformas educativas como *Moodle, Blackboard, Google Classroom* y *Coursera* para ofrecer tutorías automatizadas y mejorar la interacción con el alumnado. Además, muchas empresas comienzan a utilizar agentes de IA en la capacitación corporativa para optimizar el aprendizaje del personal y mejorar la retención del talento y sus conocimientos.

ACTIVIDAD COMPLEMENTARIA

3. Los agentes de IA no solo transforman la manera en la que se gestionan ciertas tareas administrativas, sino que también están cambiando la forma en la que se imparten y gestionan los procesos formativos en empresas e instituciones educativas.

   Basándote en ello, investiga en la web casos reales, herramientas o artículos breves que muestren cómo la inteligencia artificial está siendo usada para automatizar tareas relacionadas con la formación o el aprendizaje en entornos corporativos o educativos. Después, redacta un ejemplo breve que describa una situación de uso de un agente de IA en este ámbito, indicando:

   ¿Qué tarea o proceso formativo automatiza? ¿Qué impacto tiene en el aprendizaje, la productividad o la personalización? ¿Qué ventajas principales aporta frente a métodos tradicionales?

4.11.Investigación y análisis de datos

En un mundo impulsado por la información, la capacidad de analizar grandes volúmenes de datos de manera rápida y precisa es clave para la toma de decisiones estratégicas. Con los agentes de IA, es posible **automatizar la recopilación, la organización y el análisis de datos,** lo que permite identificar tendencias, generar reportes detallados y extraer *insights* relevantes de manera eficiente.

A los agentes de IA se les puede asignar tareas relacionadas con cruzar datos de múltiples fuentes, incluso si estos son datos no estructurados, como documentos, redes sociales o foros, a fin de descubrir conexiones inesperadas, enriquecer la investigación y acelerar la generación de conocimiento útil para la innovación y la toma de decisiones.

A continuación, exploraremos cómo los agentes de IA pueden transformar la investigación y el análisis de datos en distintos sectores:

➲ **Aplicación.** Automatización en la búsqueda, la recopilación y el análisis de datos. En sectores como el financiero, el *marketing* y la investigación académica, procesar grandes volúmenes de información puede ser una tarea compleja. Con agentes de IA, es posible automatizar la recolección de datos, analizar tendencias y generar reportes estratégicos.

➲ **Casos de uso:**

  ◗ **Análisis de grandes volúmenes de datos en tiempo real:**

    ⇕ Procesa información en segundos, reduciendo el tiempo de análisis manual.
    ⇕ Extrae patrones ocultos en bases de datos masivas.
    ⇕ Identifica correlaciones que pueden pasar desapercibidas en análisis tradicionales.

  ◗ **Investigación de mercado automatizada:**

    ⇕ Recopila datos de tendencias del consumidor a partir de múltiples fuentes.

⇕ Analiza el comportamiento del mercado para optimizar estrategias comerciales.

⇕ Proporciona *insights* basados en datos históricos y proyecciones futuras.

◑ **Búsqueda y filtrado de información relevante:**

⇕ Escanea fuentes de datos confiables y selecciona información relevante para investigaciones.

⇕ Reduce el tiempo invertido en la búsqueda manual de referencias y documentos.

⇕ Aplica técnicas de **procesamiento de lenguaje natural (PLN)** para interpretar información compleja.

DEFINICIÓN

Procesamiento del lenguaje natural (PLN)

Rama de la inteligencia artificial que permite a las máquinas comprender, interpretar, generar y responder en lenguaje humano. Utiliza modelos avanzados de aprendizaje automático y redes neuronales para analizar texto y voz, facilitando la comunicación entre personas y sistemas automatizados. Se aplica en *chatbots,* asistentes virtuales, traducción automática, análisis de sentimientos y generación de contenido.

Automatizar la investigación y el análisis de datos con agentes de IA permite **extraer información estratégica de manera más rápida y precisa,** mejorando la eficiencia en la toma de decisiones y facilitando la planificación basada en datos reales.

Descubre cómo estos beneficios pueden transformar la forma en que se recopila y analiza información en distintos sectores:

Mayor velocidad en la recopilación de información
- Reduce drásticamente el tiempo necesario para analizar grandes volúmenes de datos.

Continúa en página siguiente >>

<< Viene de página anterior

Identificación de tendencias y patrones ocultos
- Utiliza algoritmos avanzados para detectar *insights* estratégicos en bases de datos.

Reducción de errores humanos en el análisis
- Minimiza la posibilidad de interpretaciones erróneas mediante automatización inteligente.

Optimización de la toma de decisiones
- Proporciona información precisa y en tiempo real para estrategias empresariales y científicas.

 ## SABÍAS QUE...

Los agentes de IA también pueden integrarse en conocidas herramientas como *Google BigQuery, IBM Watson, Tableau y Power BI* con el objetivo de mejorar el análisis de datos. Algunas compañías están utilizando IA predictiva para anticiparse a cambios en los mercados y optimizar sus estrategias comerciales en función de tendencias emergentes, de ahí la importancia de estas integraciones.

 ## APLICACIÓN PRÁCTICA

Marcos trabaja en el Departamento de Atención al Cliente de una empresa tecnológica. Desde hace unos meses, un agente digital conversa con los usuarios, resuelve incidencias frecuentes y redirige los casos complejos a un profesional humano. Gracias a este sistema, se ha reducido el tiempo de espera y aumentado la satisfacción de la clientela.

¿En qué área se está utilizando el agente de IA en este caso?

Solución

Atención al cliente automatizada. Los agentes de IA pueden encargarse de responder preguntas frecuentes, clasificar incidencias y actuar como primer punto de contacto, liberando al equipo humano para casos más complejos.

5. Gestión de sistemas multiagente

☞ **HILO CONDUCTOR**

A medida que su negocio crecía, Clara fue integrando varios agentes que colaboraban entre sí: uno extraía datos de redes sociales, otro analizaba tendencias del mercado y otro ajustaba las campañas publicitarias automáticamente. Así, sin saberlo, Clara estaba gestionando un **sistema multiagente,** donde distintas inteligencias artificiales se coordinaban como un equipo digital en tiempo real.

Los agentes de IA han evolucionado de simples asistentes a **sistemas multiagente** de IA capaces de trabajar de forma colaborativa para resolver tareas muy complejas. Con los agentes de IA, es posible **coordinar múltiples inteligencias artificiales especializadas** en diferentes áreas, permitiendo la automatización de procesos más avanzados, como son la gestión empresarial, la investigación y el análisis de grandes volúmenes de datos.

Los sistemas multiagente de IA permiten que distintas inteligencias artificiales colaboren entre sí de forma autónoma, dividiendo tareas, compartiendo resultados y tomando decisiones en conjunto, lo que posibilita una gestión más ágil, escalable y resiliente frente a entornos dinámicos y de alta complejidad. Imagen diseñada por la inteligencia artificial DALL-E.

Cada agente dentro del sistema multiagente de IA tiene una función específica y puede actuar de forma totalmente autónoma, pero su verdadero potencial se manifiesta cuando colaboran entre sí, intercambiando información y optimizando procesos de forma conjunta.

Estos complejos sistemas inteligentes imitan el trabajo de equipos de profesionales, donde diferentes especialistas se encargan de áreas específicas y cooperan para alcanzar un objetivo común.

Al distribuir las responsabilidades, los sistemas multiagente pueden gestionar grandes volúmenes de datos, adaptarse a cambios en tiempo real y, sobre todo, mejorar la eficiencia en la toma de decisiones. Imagen diseñada por OpenAI.

En el siguiente cuadro se recogen las características claves de los sistemas multiagente de IA:

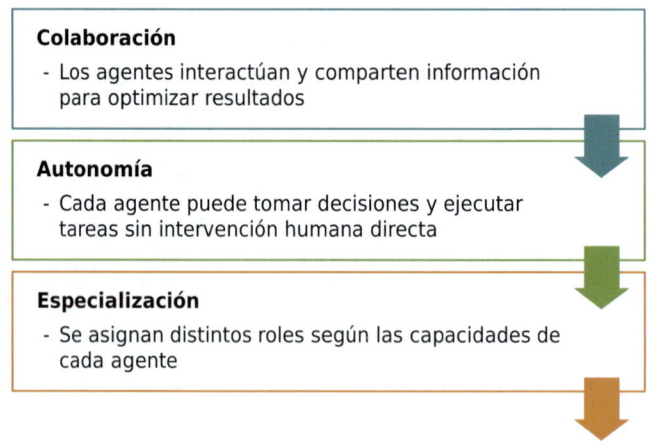

Colaboración
- Los agentes interactúan y comparten información para optimizar resultados

Autonomía
- Cada agente puede tomar decisiones y ejecutar tareas sin intervención humana directa

Especialización
- Se asignan distintos roles según las capacidades de cada agente

Continúa en página siguiente >>

<< Viene de página anterior

Adaptabilidad

- Son capaces de ajustar sus acciones según las condiciones del entorno

Escalabilidad

- Pueden manejar tareas simples o sistemas altamente complejos dependiendo de la configuración

 **EJEMPLO**

Un sistema multiagente compuesto de cuatro agentes de IA e implementado en un comercio electrónico podría explicarse de la siguiente forma:

1. Un agente que analiza las preferencias del cliente.
2. Otro que gestiona el inventario y verifica la disponibilidad de productos.
3. Un tercero que optimiza las rutas de entrega.
4. Un último que automatiza el servicio de atención al cliente.

Trabajando juntos, estos cuatro agentes artificiales permitirían mejorar la experiencia de los usuarios o clientes al mismo tiempo que optimizaría la eficiencia operativa del negocio sin necesidad de que una persona interviniera en ello de forma constante. Por tanto, un sistema multiagente de IA es una red de inteligencias artificiales que se comunican y colaboran de forma rápida y precisa para ejecutar tareas con gran eficiencia y eficacia.

A continuación, imaginaremos un entorno donde múltiples inteligencias artificiales colaboran entre sí como un equipo perfectamente sincronizado con el objetivo de vislumbrar cómo los sistemas multiagente son capaces de transformar por completo la gestión empresarial, elevando la eficiencia, la innovación y la toma de decisiones al siguiente nivel:

- ➲ **Aplicación.** Automatización y coordinación de sistemas multiagente. En entornos donde múltiples procesos requieren gestión simultánea, los agentes de IA pueden trabajar en equipo para realizar tareas especializadas de forma autónoma y eficiente.
- ➲ **Casos de uso:**

◑ **Coordinación entre múltiples agentes especializados:**

⇕ Permite que diferentes agentes trabajen en paralelo en tareas específicas como *marketing,* ventas y análisis de datos.
⇕ Facilita la integración de agentes con diferentes roles en una misma estructura organizativa.
⇕ Optimiza la colaboración automatizada para aumentar la productividad.

◑ **Gestión empresarial con agentes jerárquicos:**

⇕ Implementa sistemas donde cada agente cumple un rol dentro de la organización, como CEO, CTO o responsable de finanzas.
⇕ Automatiza la toma de decisiones basada en datos procesados por distintos agentes.
⇕ Facilita la supervisión de procesos complejos mediante agentes de control y validación.

◑ **Automatización de tareas en cadena:**

⇕ Divide tareas grandes en subtareas y asigna cada una a un agente especializado.
⇕ Optimiza el flujo de trabajo al permitir que los agentes colaboren para completar tareas más rápido.
⇕ Mejora la eficiencia en proyectos de investigación, generación de contenido y gestión empresarial.

La automatización mediante sistemas multiagente permite realizar tareas más complejas de forma estructurada y con gran eficiencia, distribuyendo responsabilidades entre diferentes inteligencias artificiales. Con este enfoque, las empresas consiguen optimizar procesos y mejorar la toma de decisiones con múltiples niveles de automatización.

Descubre cómo estos beneficios pueden transformar la gestión de procesos avanzados y potenciar la eficiencia operativa:

> **Mayor eficiencia en la gestión de procesos complejos**
> - Permite que distintos agentes trabajen en paralelo en tareas específicas sin intervención humana.

Continúa en página siguiente >>

<< Viene de página anterior

Optimización de la toma de decisiones
- Los agentes pueden analizar grandes volúmenes de datos y sugerir estrategias más efectivas.

Automatización en diferentes niveles organizativos
- Facilita la implementación de estructuras jerárquicas dentro de un sistema automatizado.

Mayor capacidad de escalabilidad
- Permite expandir la cantidad de tareas automatizadas sin afectar al rendimiento del sistema.

 **VÍDEO**

Los sistemas multiagente pueden integrarse con plataformas avanzadas como *Flowise, OpenAI API* y *Microsoft Azure AI* para gestionar múltiples inteligencias artificiales en un mismo entorno. Algunas empresas ya están utilizando estos sistemas inteligentes para mejorar la colaboración entre departamentos de forma automatizada y aumentar así la eficiencia operativa en tareas de alto nivel.

Si quieres ver un ejemplo práctico de cómo funcionan estos sistemas en un entorno real, visualiza el siguiente enlace en el que se muestra cómo se puede usar un agente central y varios agentes especializados para automatizar tareas.

https://redirectoronline.com/agenteia0101

6. Plataformas populares para crear agentes de IA

👉 HILO CONDUCTOR

Todo este cambio fue posible porque Clara utilizó plataformas accesibles como *Make.com, Relevance AI* y *Zapier.* No tenía conocimientos técnicos, pero estas herramientas le permitieron crear flujos inteligentes sin necesidad de programar. Hoy, Clara anima a otras emprendedoras a dar el salto a los agentes de IA, convencida de que la innovación no depende del tamaño de la empresa, sino de la voluntad de aprender.

El desarrollo de agentes de IA ha evolucionado gracias a herramientas y plataformas que permiten automatizar tareas sin necesidad de conocimientos en programación. Estas soluciones facilitan la integración de agentes en diferentes procesos empresariales, desde la gestión de datos hasta la atención al cliente, como hemos visto anteriormente.

Las plataformas de creación de agentes de IA permiten diseñar flujos personalizados, conectar múltiples herramientas y escalar soluciones fácilmente, abriendo la puerta a la automatización incluso para equipos sin perfil técnico.

A continuación, exploraremos algunas de las plataformas más utilizadas para la creación y la gestión de agentes de IA:

⊃ *Relevance AI:*

 ⋃ Es una plataforma *no-code* que permite crear agentes de IA personalizados sin necesidad de programación.

[62]

◖ Facilita la integración de agentes en flujos de trabajo empresariales.
◖ Permite desarrollar agentes especializados en análisis de datos, gestión de correos y automatización de procesos.

https://redirectoronline.com/agenteia0102

➲ *Make.com:*

◖ Es una herramienta de automatización que permite conectar aplicaciones y sistemas mediante flujos de trabajo.
◖ Integra agentes de IA con otras plataformas como CRM, bases de datos y herramientas de *marketing*.
◖ Optimiza la ejecución de tareas repetitivas mediante flujos automatizados.

https://redirectoronline.com/agenteia0103

➲ *Zapier:*

◖ Es una plataforma de integración que conecta más de 3000 aplicaciones sin necesidad de código.
◖ Facilita la creación de automatizaciones entre agentes de IA y herramientas como *Gmail, Slack* y *Google Sheets*.
◖ Permite implementar agentes que optimizan la productividad y reducen el trabajo manual.

https://redirectoronline.com/agenteia0104

⊃ *Flowise:*

- ↺ Es una herramienta avanzada para la creación de sistemas multiagente.
- ↺ Permite desarrollar agentes que colaboran entre sí para resolver tareas complejas.
- ↺ Facilita la personalización de flujos de trabajo con IA generativa y procesamiento de datos.

https://redirectoronline.com/agenteia0105

⊃ *ChatGPT Plugins:*

- ↺ Son extensiones que amplían las capacidades de *ChatGPT* para realizar tareas especializadas.
- ↺ Permiten la integración con sistemas externos para mejorar la funcionalidad del agente de IA.
- ↺ Facilitan la automatización de respuestas, el análisis de datos y la generación de contenido.

https://redirectoronline.com/agenteia0106

APLICACIÓN PRÁCTICA

Virginia quiere automatizar parte de sus tareas administrativas sin tener conocimientos de programación. Descubre una plataforma que le permite conectar *Gmail* con *Google Sheets* y *ChatGPT* para extraer, analizar y organizar información automáticamente.

¿Qué tipo de plataforma está utilizando Virginia?

Solución

Existen plataformas como *Make* o *Zapier* que permiten crear flujos de trabajo inteligentes conectando múltiples herramientas. Estas plataformas *low-code* están democratizando el acceso a la IA y a la automatización avanzada.

Gracias a las nuevas plataformas de creación de agentes de IA, automatizar procesos ya no es exclusivo de expertos en programación. Estas herramientas democratizan el acceso a la inteligencia artificial, permitiendo a profesionales de cualquier sector diseñar soluciones personalizadas, integrarlas con herramientas empresariales y escalar su uso sin barreras técnicas.

Descubre cuál de estas plataformas se adapta mejor a tus necesidades y empieza a desarrollar tu propio agente de IA:

Accesibilidad sin necesidad de programar
- Muchas de estas plataformas permiten crear agentes de IA sin conocimientos técnicos avanzados.

Integración con herramientas empresariales
- Facilitan la conexión de agentes de IA con CRM, plataformas de datos y software de automatización.

Mayor eficiencia en procesos automatizados
- Permiten reducir la carga de trabajo manual y optimizar la ejecución de tareas.

Flexibilidad en la personalización de agentes
- Cada plataforma ofrece diferentes niveles de personalización para adaptarse a necesidades específicas.

SABÍAS QUE...

Algunas de estas plataformas, como *Make.com, Zapier* o *Relevance AI,* suelen conectarse entre sí para ampliar todas sus funcionalidades. Por ejemplo, muchas empresas están utilizando *Relevance AI* y *Flowise* conjuntamente para la creación de agentes especializados en la atención al cliente, análisis de datos y gestión operativa, mejorando la productividad y, sobre todo, reduciendo considerablemente los costes.

TAREA 3

Nuria es responsable de formación en una pequeña empresa. Siempre ha pensado que la inteligencia artificial era cosa de grandes compañías tecnológicas. Sin embargo, ha descubierto que existen plataformas sin código *(no-code)* que permiten crear agentes de IA fácilmente. Está motivada para probar una, pero no sabe cómo empezar. En este sentido, es importante desmitificar la inteligencia artificial, viéndola como una herramienta accesible y estratégica para usuarios, profesionales y pymes.

Basándote en ello, ¿qué le dirías a Nuria para que pueda iniciar los primeros pasos para crear su primer agente de IA sin necesidad de saber programar?

----

7. Resumen

Los agentes de inteligencia artificial se diseñan para que puedan ser autónomos en la realización de tareas encomendadas, convirtiéndose en herramientas clave para mejorar la productividad en una gran diversidad de sectores.

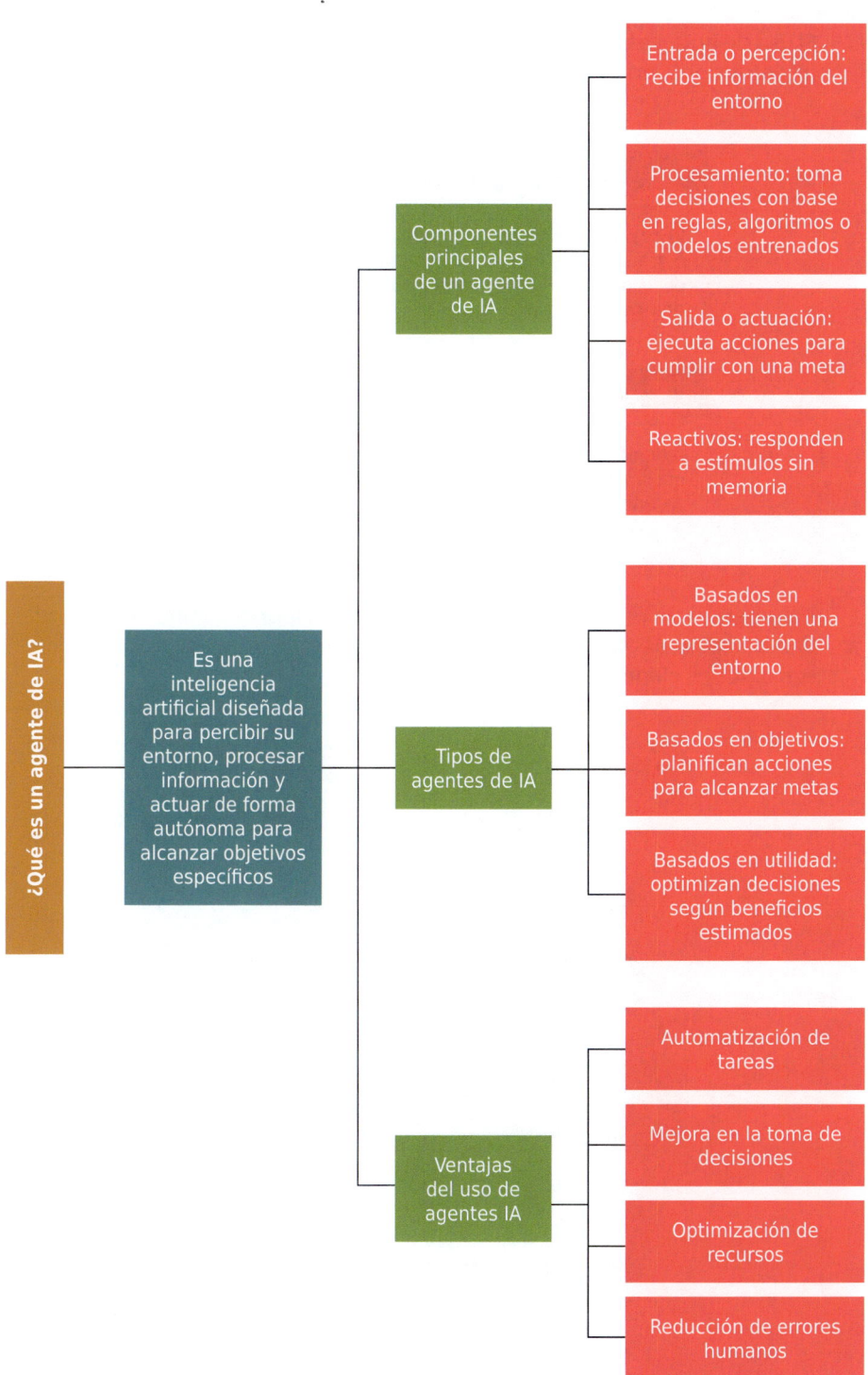

¿Qué es un agente de IA?

Es una inteligencia artificial diseñada para percibir su entorno, procesar información y actuar de forma autónoma para alcanzar objetivos específicos

Componentes principales de un agente de IA

- Entrada o percepción: recibe información del entorno
- Procesamiento: toma decisiones con base en reglas, algoritmos o modelos entrenados
- Salida o actuación: ejecuta acciones para cumplir con una meta
- Reactivos: responden a estímulos sin memoria

Tipos de agentes de IA

- Basados en modelos: tienen una representación del entorno
- Basados en objetivos: planifican acciones para alcanzar metas
- Basados en utilidad: optimizan decisiones según beneficios estimados

Ventajas del uso de agentes IA

- Automatización de tareas
- Mejora en la toma de decisiones
- Optimización de recursos
- Reducción de errores humanos

El uso de **agentes de inteligencia artificial aporta múltiples beneficios** en distintos contextos. Entre sus principales ventajas se encuentran:

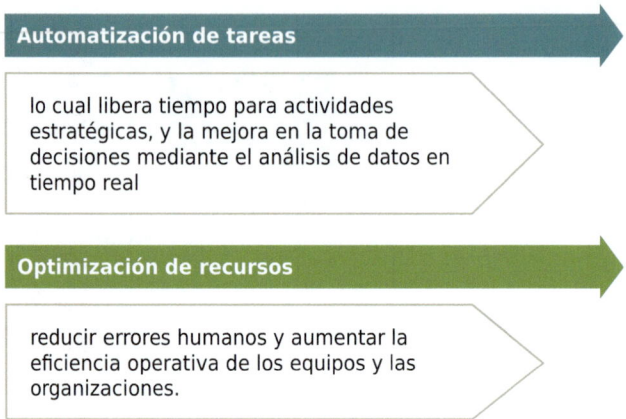

Automatización de tareas

lo cual libera tiempo para actividades estratégicas, y la mejora en la toma de decisiones mediante el análisis de datos en tiempo real

Optimización de recursos

reducir errores humanos y aumentar la eficiencia operativa de los equipos y las organizaciones.

Los agentes de IA se están implementando con fuerza en una amplia variedad de sectores y áreas estratégicas de empresas y organizaciones. Estos son algunos ejemplos:

Sector educativo/ formativo

Facilitan el aprendizaje personalizado y el acompañamiento en tiempo real

En la atención a la clientela

Automatizan respuestas y mejoran la experiencia de las personas usuarias

Sector sanitario

Ayudan al diagnóstico y seguimiento de pacientes

Área logística

Optimizan rutas y gestionan inventarios

Continúa en página siguiente >>

<< Viene de página anterior

Marketing	Ciberseguridad
Crean y gestionan contenido, y analizan audiencias	Análisis de datos y respuestas a ciberincidentes

Sin duda, los agentes de IA y los sistemas multiagente representan una evolución clave en la optimización de procesos empresariales y otros entornos complejos, donde la automatización avanzada y la toma de decisiones inteligente se han convertido en factores estratégicos para garantizar la competitividad y la supervivencia de las organizaciones.

Ejercicios de autoevaluación
Unidad de Aprendizaje 1

1. Indica si las siguientes afirmaciones son verdaderas o falsas:

a. Mientras que la IA generativa se ha centrado en mejorar la creatividad y la eficiencia en la producción de contenido, los agentes de IA representan el siguiente nivel de inteligencia autónoma, capaz de ejecutar tareas complejas, razonar sobre sus acciones y tomar decisiones en entornos dinámicos.

- Verdadero
- Falso

b. Los agentes de IA son simples asistentes que no tienen capacidad de ejecución real.

- Verdadero
- Falso

c. Los agentes de IA están emergiendo como sistemas autónomos capaces de operar con un nivel de independencia sin precedentes.

- Verdadero
- Falso

2. ¿Qué busca la transformación digital en las empresas?

a. Reducir la plantilla laboral.
b. Digitalizar todos los procesos manuales sin cambio organizacional.
c. Impulsar la eficiencia y fomentar la innovación.
d. Sustituir completamente al factor humano.

3. ¿Qué elemento caracteriza a las tecnologías emergentes?

a. Son costosas y exclusivas.
b. Se aplican solo en grandes corporaciones.
c. Son incompatibles con la IA.
d. Transforman radicalmente modelos de negocio.

4. ¿Qué son los agentes de IA?

a. Máquinas que reemplazan completamente al ser humano.
b. Programas que toman decisiones autónomas.
c. Aplicaciones de ofimática automatizada.
d. Sistemas de mensajería rápida.

5. ¿Cuál es una de las principales ventajas de los agentes IA?

a. El alto coste de implementación.
b. La dependencia constante del usuario.
c. La toma de decisiones en tiempo real.
d. La necesidad de programadores expertos.

6. ¿Qué distingue a la automatización tradicional de un agente de IA?

a. Los agentes IA actúan sin intervención humana y aprenden del entorno.
b. Los agentes IA se actualizan manualmente.
c. Los agentes IA son más lentos.
d. No existe diferencia.

7. ¿Qué significa que la IA se ha democratizado?

a. Solo grandes empresas pueden usarla.
b. Ya no es necesaria para innovar.
c. Está al alcance de profesionales y pymes.
d. Ha sido prohibida en muchos sectores.

8. ¿Qué capacidad debe tener un agente de IA?

a. Capacidad de improvisación total.
b. Uso de fuerza bruta para resolver problemas.
c. Transmitir emociones humanas.
d. Percepción del entorno, razonamiento y actuación.

9. ¿Qué papel juega la IA en la eficiencia empresarial?

a. La reduce debido a su complejidad.
b. No tiene impacto significativo.

c. Optimiza procesos y ahorra tiempo.
d. Dificulta la digitalización.

10. ¿Cuál es un objetivo de los agentes IA?

a. Generar arte automáticamente.
b. Optimizar procesos mediante decisiones automáticas.
c. Controlar la comunicación empresarial.
d. Aumentar el uso de servidores.

Aprende a crear tu primer agente de IA

Contenido

1. Introducción
2. Claves para crear agentes de IA
3. Qué es una plataforma de creación de agentes *no-code*
4. Ejemplo práctico: agente etiquetador de *e-mails*
5. Optimiza tu productividad con agentes de IA
6. Resumen

Objetivos

El objetivo general de esta Unidad de Aprendizaje es:

→ Aplicar el uso de agentes de inteligencia artificial en diferentes áreas funcionales, desarrollando habilidades para personalizar, optimizar e integrar estas soluciones en entornos organizativos dinámicos, con el fin de potenciar la innovación, la eficiencia y la mejora continua en empresas y organizaciones.

Los objetivos específicos de esta Unidad de Aprendizaje son:

→ Diseñar perfiles funcionales de agentes de IA capaces de integrarse como colaboradores digitales en distintos entornos profesionales, identificando las tareas, las herramientas, las capacidades clave y los criterios éticos necesarios para su implementación.

→ Analizar casos de uso reales a través del estudio de plantillas de agentes de IA ya existentes, evaluando sus aplicaciones prácticas y proponiendo mejoras o adaptaciones según distintos sectores o contextos laborales.

→ Redactar instrucciones precisas y contextualizadas para entrenar agentes de IA en lenguaje natural, con el fin de optimizar su autonomía operativa y su capacidad de respuesta frente a diferentes escenarios.

→ Automatizar procesos, personalizar experiencias, mejorar la atención a la clientela, optimizar campañas de *marketing* y potenciar la toma de decisiones.

→ Implementar los agentes de IA en tareas profesionales y en negocios.

1. Introducción

Comprender el importante papel estratégico de los agentes de IA en la transformación digital permite explorar sus aplicaciones reales en distintos sectores empresariales. Es momento de pasar de la teoría a la acción: aprender paso a paso **cómo diseñar un primer agente de IA sin necesidad de saber programar.**

En un contexto cada vez más marcado por la automatización y la inteligencia artificial, aprender a crear agentes de IA ya no es una opción, sino una necesidad. Las empresas y los profesionales de cualquier sector que no integren estas tecnologías corren el riesgo de quedarse atrás en un mercado que exige rapidez, personalización y eficiencia. Dominar estas herramientas no solo aumenta la competitividad profesional, sino que permite innovar, adaptarse mejor a los cambios y liderar la transformación digital desde cualquier puesto o sector.

Formarse en el diseño y el uso de agentes inteligentes proporciona una ventaja estratégica para quienes deseen mantenerse relevantes aportando valor real en los nuevos entornos laborales y profesionales.

A través de herramientas accesibles y plataformas *no-code* descubriremos cómo crear agentes capaces de automatizar tareas, tomar decisiones simples y complejas a fin de optimizar la productividad personal, profesional o empresarial. Aprenderemos cómo estructurar un agente desde cero, definir sus objetivos, integrarlo con otras herramientas y ponerlo a prueba en un caso práctico: un agente que organiza y etiqueta correos electrónicos de forma autónoma.

Además, conocerás las claves fundamentales para construir agentes útiles, éticos y sostenibles, y obtendrás ideas para aplicarlos a tu propio entorno laboral. Este aprendizaje no solo proporcionará conocimientos técnicos, sino también la confianza para experimentar, mejorar los flujos de trabajo y potenciar la eficiencia con la ayuda de la inteligencia artificial.

Para ayudar a alcanzar este propósito, nos seguiremos basando en la historia de Clara, una excelente profesional de la industria de la moda que ha decidido emplear agentes de IA para optimizar su productividad.

2. Claves para crear agentes de IA

☞ **HILO CONDUCTOR**

Después de comprobar los beneficios reales de los agentes de IA, Clara quiso ir un paso más allá. Se dio cuenta de que para aprovechar todo su potencial, debía entender las claves para diseñarlos correctamente. Aprendió que antes de crear cualquier agente, lo más importante era definir bien el problema que resolver, los datos necesarios y el objetivo del agente. Así, Clara empezó a estructurar sus procesos con una visión más estratégica: ya no se trataba solo de automatizar tareas, sino de delegar responsabilidades a sistemas inteligentes que pudieran mejorar con el tiempo.

Antes de configurar un agente de IA, es fundamental entender **qué lo hace eficiente, cómo debe diseñarse y qué aspectos se deben considerar** para garantizar que cumpla su función de forma óptima.

A continuación, se presentan las claves esenciales para la creación de agentes de IA desde un enfoque práctico:

➲ **Definir el propósito y función del agente.** Antes de construir un agente de IA, es necesario responder preguntas clave como:

  ◑ ¿Cuál es el problema que resolverá?
  ◑ ¿Qué tareas podrá automatizar?
  ◑ ¿Cómo interactuará con los usuarios o sistemas?

  Por ejemplo, el agente está diseñado para gestionar correos electrónicos; su propósito puede ser clasificar mensajes, priorizar respuestas y automatizar interacciones comunes.

➲ **Seleccionar el tipo de agente y su nivel de autonomía.** Dependiendo de la complejidad de la tarea, un agente de IA puede ser:

  ◑ **Reactivo:** responde a comandos directos y ejecuta tareas sin tomar decisiones avanzadas.
  ◑ **Cognitivo:** puede razonar, aprender de interacciones y adaptarse a diferentes situaciones.
  ◑ **Multiagente:** trabaja en conjunto con otros agentes para tareas más complejas.

Por ejemplo, un *chatbot* de atención al cliente puede ser reactivo si responde preguntas predefinidas, pero un agente avanzado puede aprender de interacciones para mejorar la precisión de sus respuestas con el tiempo.

⤷ **Definir los *inputs* y *outputs* del agente.** Es importante definir qué tipo de información recibirá el agente y qué resultados generará.

   ◑ ***Inputs:*** datos que el agente necesita para operar (mensajes, archivos, comandos).
   ◑ ***Outputs:*** acciones o respuestas que generará (clasificación de información, respuestas automatizadas, ejecución de tareas).

Por ejemplo, un agente de IA para análisis financiero puede recibir información de transacciones como *input* y generar alertas de fraude o recomendaciones de inversión como *output*.

⤷ **Determinar las herramientas y las conexiones necesarias.** Los agentes de IA pueden perfectamente integrarse con diferentes herramientas para mejorar su funcionalidad, como son:

   ◑ **API y bases de datos** para obtener información en tiempo real.
   ◑ **Sistemas de mensajería o correo** para interactuar con usuarios.
   ◑ **Automatización de flujos de trabajo** con plataformas como *Make. com* o *Zapier*.

Por ejemplo, un agente que gestiona correos electrónicos puede necesitar una conexión con *Gmail API* para leer, etiquetar y responder mensajes automáticamente.

⤷ **Crear reglas y condiciones para su funcionamiento.** Para garantizar que el agente actúe correctamente, se deben definir reglas:

   ◑ Condiciones para activar o desactivar ciertas funciones.
   ◑ Criterios de decisión basados en datos.
   ◑ Restricciones para evitar errores o respuestas inadecuadas.

Por ejemplo, un agente de soporte técnico puede tener reglas que lo hagan escalar casos a una persona si no puede resolver una consulta tras dos intentos.

⤷ **Configurar un sistema de aprendizaje y de mejora continua.** Los agentes más avanzados suelen aprender y mejorar con el tiempo a través de:

   ◑ ***Feedback* del usuario** para ajustar sus respuestas.
   ◑ **Análisis de interacciones** previas para detectar patrones.
   ◑ **Modelos de IA actualizables** para incorporar nuevas funciones.

Por ejemplo, un agente que genera informes puede mejorar la precisión de su análisis al identificar qué datos son más relevantes según el historial de uso.

➲ **Pruebas, optimización y seguridad.** Antes de implementar un agente de IA en un entorno real, es crucial realizar pruebas que permitan:

◑ Detectar fallos y mejorar la precisión de las respuestas.
◑ Ajustar la velocidad y la eficiencia del procesamiento.
◑ Garantizar la seguridad y la privacidad de los datos manejados.

Por ejemplo, un agente financiero debe verificarse para evitar errores en cálculos de riesgo, mientras que un *chatbot* debe prevenir respuestas inadecuadas.

 **NOTA**

Los agentes de IA se pueden clasificar en:

* Agentes reactivos

  · No almacenan memoria.
  · Responden según el estímulo actual.

* Agentes basados en modelo

  · Usan memoria para mejorar decisiones.
  · Tienen representación del entorno.

* Agentes basados en objetivos

  · Evaluación de múltiples resultados.
  · Seleccionan acciones para alcanzar metas.

* Agentes basados en utilidad

  · Buscan la mejor opción según función de utilidad.

* Agentes de aprendizaje

  · Aprenden de la experiencia.
  · Ajustan el comportamiento con el tiempo.

APLICACIÓN PRÁCTICA

Martín está diseñando un agente de IA para gestionar las solicitudes de soporte de su empresa. Ha pensado en conectar el agente con el correo electrónico, que responda automáticamente a los mensajes más frecuentes y que escale los casos complejos a un profesional si no puede resolverlos en dos intentos.

Según las claves vistas para la creación de agentes de IA, ¿qué elementos está aplicando Martín en el diseño de su agente?

Solución

Martín está conectando el agente con el correo (herramienta externa), ha definido reglas claras de escalado y decisiones basadas en intentos de respuesta. Esto muestra un enfoque estratégico y correcto para el diseño eficiente de un agente de IA.

Hay que recordar que los agentes de IA no solo ejecutan tareas de forma automática, sino que tienen **habilidades clave** que los hacen más eficientes y autónomos.

Pero, además de actuar de forma autónoma, los agentes más avanzados son capaces de **reflexionar, planificar, colaborar y usar herramientas** con inteligencia contextual.

A continuación, abordaremos esas destrezas, que son las que permiten que evolucionen y se adapten a distintos entornos profesionales, aumentando la productividad y ayudando en la toma de decisiones:

Reflexionan	- Son capaces de reflexionar sobre sus acciones para optimizar procesos y mejorar resultados.
Utilizan herramientas	- Usan herramientas que les permiten interactuar con su entorno y ejecutar funciones avanzadas.

Continúa en página siguiente >>

<< Viene de página anterior

| Planifican | - Planifican su propio camino para alcanzar objetivos sin depender de instrucciones paso a paso. |
| Colaboran | - Trabajan con otros agentes para resolver tareas complejas, formando sistemas multiagente altamente eficientes. |

Toda la combinación de capacidades permite que los agentes de IA evolucionen y se adapten a diferentes entornos de trabajo, mejorando la productividad y la toma de decisiones en diversos sectores.

 NOTA

Crear un agente de IA exitoso requiere un diseño bien estructurado, integración con herramientas adecuadas y una fase de pruebas muy rigurosa. Seguir estos pasos garantiza que el agente funcione con eficiencia y cumpla su propósito dentro del entorno donde será utilizado.

A continuación, se explicará cómo llevar estos conceptos a la práctica mediante la configuración de una plataforma como *Relevance AI*, que permite desarrollar agentes de IA sin necesidad de programación avanzada.

ACTIVIDAD COMPLEMENTARIA

4. Esta actividad tiene como objetivo el diseño de un perfil básico de agente de IA capaz de mejorar la productividad y la toma de decisiones en un entorno profesional concreto. Por ejemplo, destinado a realizar tareas en sectores como pudieran ser la salud, la educación, el *marketing*, la ingeniería o cualquier otro.

Continúa en página siguiente >>

<< Viene de página anterior

Imagina que formas parte de un equipo que necesita desarrollar un agente de IA que funcione como un verdadero colaborador digital dentro de una empresa. Para ello, responde a las siguientes preguntas:

1. ¿Qué tareas concretas debería asumir este agente en vuestro entorno de trabajo ideal?
2. ¿Qué capacidades, como la reflexión, el uso de herramientas, la planificación y la colaboración, serían imprescindibles para que este agente se integre bien en el equipo?
3. ¿Qué tipo de herramientas externas o plataformas debería saber utilizar?
4. ¿Qué medidas tomaríais para asegurar que actúe de forma ética y eficiente?

Una vez definido vuestro agente ideal, compartid vuestra propuesta con el grupo y comparad ideas. ¿Qué similitudes encontráis? ¿Qué diferencias llaman la atención? ¿Podríais combinar capacidades de distintos agentes para obtener uno aún más completo?

3. Qué es una plataforma de creación de agentes *no-code*

☞ HILO CONDUCTOR

Clara siempre había pensado que desarrollar soluciones con IA requería saber programar. Pero su percepción cambió al descubrir las plataformas *no-code.* Estas herramientas le ofrecían entornos visuales donde podía crear agentes paso a paso, conectando funciones mediante bloques o flujos. Con un poco de práctica, entendió que no era necesario ser experta en tecnología para transformar su negocio. Bastaba con entender bien sus necesidades y traducirlas en tareas que el agente pudiera ejecutar de forma autónoma.

Vamos a comenzar con **Relevance AI** porque es una de las plataformas más intuitivas y específicas para la creación de agentes de IA mediante bloques visuales.

El enfoque de Relevance AI está centrado en la inteligencia artificial, lo cual facilita entender rápidamente cómo funcionan los agentes, cómo se estructuran y cómo se les puede entrenar para tareas concretas como clasificar correos o generar respuestas.

Además de *Relevance AI,* existen otras plataformas *no-code* que permiten crear agentes inteligentes y automatizar flujos de trabajo sin necesidad de programar. Algunas de las más utilizadas son las siguientes:

N8N	Make

https://redirectoronline.com/agenteia0201	*https://redirectoronline.com/agenteia0202*

Continúa en página siguiente >>

<< Viene de página anterior

https://redirectoronline.com/agenteia0203

Estas herramientas permiten conectar múltiples aplicaciones, integrar modelos de IA y diseñar procesos complejos mediante interfaces visuales. Cada una tiene sus particularidades, pero **todas comparten el objetivo de facilitar la creación de soluciones automatizadas adaptadas a distintos entornos profesionales.**

NOTA

Más adelante, exploraremos *Make*, una herramienta más versátil orientada a la automatización general de flujos de trabajo, ideal para integrar agentes con múltiples servicios y aplicaciones. Empezar por *Relevance* nos permite asentar las bases antes de pasar a escenarios más complejos.

Antes de iniciarnos con la configuración en *Relevance AI*, conviene comprender el alcance real de esta plataforma y cómo se diferencia de otras herramientas. A diferencia de las automatizaciones simples, *Relevance* permite construir agentes inteligentes que no solo ejecutan tareas, sino que también procesan información, interactúan con bases de datos y se conectan con servicios externos de forma autónoma. Esto convierte a *Relevance* en una solución potente para quienes buscan ir más allá de los flujos automáticos tradicionales.

Relevance AI es una plataforma no-code que permite crear y gestionar agentes de IA personalizados sin necesidad de conocimientos avanzados en programación. Su enfoque intuitivo facilita la integración de agentes en diferentes procesos empresariales, como automatización de tareas, análisis de datos y optimización de flujos de trabajo.

 ## SABÍAS QUE...

Con *Relevance AI* puedes crear agentes capaces de combinar la comprensión del lenguaje natural con acciones complejas, como clasificar correos, consultar API o decidir entre múltiples respuestas posibles según el contexto. Esto abre la puerta a procesos mucho más personalizados e inteligentes, incluso sin necesidad de programar.

Como suele ocurrir en los *softwares* comerciales, existen dos opciones de uso disponible en *Relevance AI:* opción gratuita y opción de pago.

La **versión gratuita** permite a cualquier usuario explorar la creación de agentes con funcionalidades básicas, por lo que es ideal para:

- ➲ Probar la plataforma sin inversión inicial.
- ➲ Crear y configurar agentes con capacidades limitadas.
- ➲ Acceder a plantillas predefinidas para agilizar la configuración.
- ➲ Integrar herramientas básicas sin costes añadidos.

NOTA

La versión gratuita de *Relevance AI* tiene algunas limitaciones. Puede haber restricciones en el número de agentes activos, en la cantidad de tareas procesadas y en la integración con herramientas avanzadas, pero es una opción genial para iniciarse en el mundo de la creación de agentes de IA para practicar y valorar su implementación en casos reales.

En cuanto a la opción de pago, dicha elección está dirigida principalmente para quienes buscan una solución más robusta. Esta versión proporciona:

Versión Premium Relevance AI	- Mayor capacidad de procesamiento para manejar múltiples agentes simultáneamente. - Acceso a herramientas avanzadas como integraciones con API externas y flujos de trabajo personalizados. - Personalización completa en las reglas, la planificación y la toma de decisiones de los agentes. - Soporte técnico y actualizaciones prioritarias para garantizar el funcionamiento óptimo del sistema.

NOTA

La versión de pago de *Relevance AI* es ideal para empresas y profesionales que desean automatizar tareas de forma escalable y con mayor autonomía.

Hay que destacar que la plataforma *Relevance AI* es intuitiva y fácil de usar, con una interfaz sencilla que permite a las personas usuarias llevar a cabo distintas acciones como son la **configuración de agentes en minutos** con opciones visuales y personalizables; **el acceso a una biblioteca de plantillas** para implementar soluciones sin necesidad de programar desde cero; **la integración con otras herramientas** como correos electrónicos, bases de datos y plataformas de mensajería, y **la optimización de flujos de trabajo de forma muy visual,** lo cual facilita la automatización sin la dependencia de código. Por todo ello, es posible afirmar que *Relevance AI* es una plataforma accesible para cualquier persona que quiera crear agentes de IA, sin importar su nivel de experiencia técnica.

 **RECUERDA**

La versión gratuita de *Relevance AI* permite experimentar con las funcionalidades esenciales, mientras que la opción de pago brinda herramientas avanzadas para empresas que buscan automatización a gran escala y agentes de IA más sofisticados.

A continuación, veremos **cómo configurar paso a paso un agente de IA en *Relevance AI*** para optimizar procesos y mejorar la eficiencia operativa.

4. Ejemplo práctico: agente etiquetador de *e-mails*

☞ **HILO CONDUCTOR**

Uno de los mayores retos de Clara era gestionar la bandeja de entrada, que se saturaba con mensajes de clientas, colaboradoras y proveedores. Usando ciertas plataformas de IA, diseñó su primer agente desde cero: un sistema que analizaba automáticamente los correos y los etiquetaba según urgencia, temática o tipo de remitente. Gracias a este agente etiquetador, Clara recuperó tiempo valioso cada mañana, y su equipo empezó a responder con mayor agilidad y orden. Ver funcionar ese primer agente fue el punto de inflexión que le dio confianza para seguir explorando.

Antes de comenzar con la configuración, es importante entender **cómo funciona un agente etiquetador de correos.** Este tipo de agente utiliza dos elementos importantes.

Conoce cuáles son estas claves fundamentales para entender cómo funciona una agente de IA capaz de etiquetar *e-mails:*

Modelo de lenguaje

Es una inteligencia entrenada con grandes volúmenes de texto para comprender y generar lenguaje humano de forma contextual. En el caso del agente etiquetador de correos, el modelo interpreta el contenido de cada mensaje, identifica su propósito y lo relaciona con categorías específicas sin necesidad de instrucciones exactas. Gracias a esta capacidad, puede diferenciar si un correo es una queja, una consulta, una propuesta comercial o una solicitud urgente, incluso si el lenguaje es informal o está redactado de forma ambigua. Esta comprensión semántica permite una clasificación mucho más precisa que la basada únicamente en reglas fijas o palabras clave.

Reglas predefinidas

Complementariamente, las reglas predefinidas permiten al agente analizar el contenido de los correos según criterios específicos como la urgencia, el tipo de solicitud o el perfil del remitente. Estas reglas pueden basarse en palabras clave, expresiones frecuentes, patrones de comportamiento o incluso en el tono emocional del mensaje, facilitando una organización más eficiente de la bandeja de entrada.

El etiquetado inteligente no solo agiliza la gestión del correo electrónico, sino que también mejora la productividad del equipo al permitir priorizar respuestas y reducir el tiempo dedicado a tareas repetitivas. Para que el agente funcione de manera eficaz, es fundamental definir claramente las categorías de etiquetado, proporcionar ejemplos reales y ajustar los filtros de entrada según el flujo de trabajo de la organización.

A continuación, mostramos un ejemplo concreto de **categorías de etiquetado** y **filtros de entrada** que se podrían usar al configurar un agente etiquetador de correos en un entorno profesional:

◆ **Ejemplos de categorías de etiquetado:**

Urgente	Palabras clave: urgente, lo antes posible, prioritario, inmediato. Criterio: correos que requieren acción inmediata o respuesta rápida.
Atención al cliente	Palabras clave: pedido, reclamación, ayuda, problema, soporte. Criterio: consultas o quejas relacionadas con productos o servicios.
Colaboraciones o propuestas comerciales	Palabras clave: propuesta, colaboración, presupuesto, cotización. Criterio: mensajes de potenciales socios o proveedores.
Interno - equipo	Criterio: correos enviados por miembros de la organización (basado en el dominio del remitente o una lista blanca de correos internos).
Newsletters y notificaciones automáticas	Criterio: envíos masivos, boletines, notificaciones de plataformas.

◆ **Ejemplos de filtros de entrada:**

Filtro por remitente	Si el correo proviene de una dirección externa con dominio genérico (como *@gmail.com), darle menor prioridad que un dominio corporativo.
Filtro por tono emocional	Aplicar un análisis de sentimiento para detectar correos con tono negativo (quejas, frustración) y marcarlos como "Crítico" o "Prioritario".
Filtro por frecuencia de palabras clave	Si aparecen más de dos palabras clave relacionadas con urgencia en un mismo mensaje, etiquetarlo automáticamente como "Urgente".

NOTA

A continuación, veremos paso a paso cómo construir este tipo de agente en una plataforma _no-code_.

- -

4.1. Crea una cuenta en una plataforma *no-code*

Para empezar a utilizar *Relevance AI,* lo primero que debes hacer es registrarte en la plataforma, avanzando por los siguientes pasos:

➲ **Acceso.** Accede a la página web de *Relevance AI.*

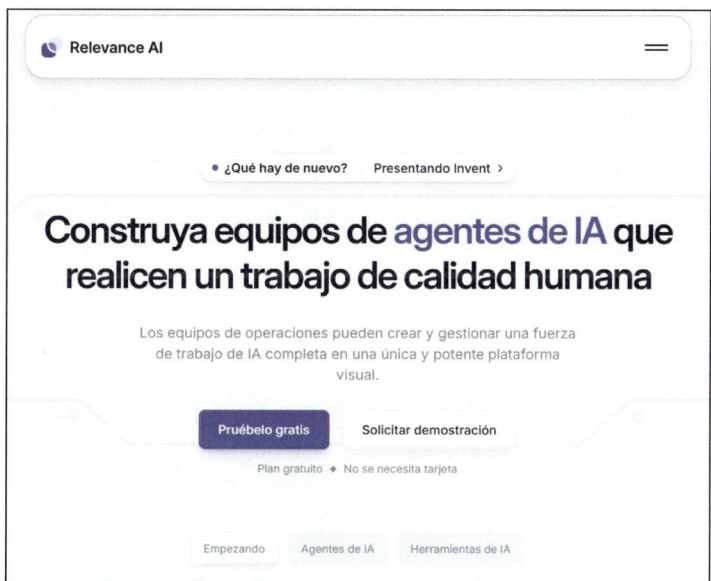

https://redirectoronline.com/agenteia0205

➲ **Inscripción.** Haz clic en **Inscribirse** y completa el formulario con tu correo electrónico y tus datos básicos.

➲ **Crea tu perfil.** Se te pedirá que ingreses el nombre de tu empresa o proyecto y selecciones el rol que desempeñas dentro de la organización. Esto permitirá personalizar la experiencia según tus necesidades.

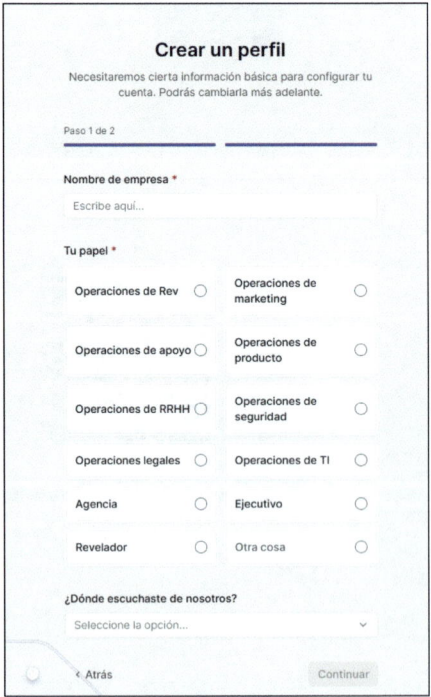

➲ **Registro finalizado.** Finaliza el registro y accede al panel de control.

4.2. Explora el panel de control y configura tu primer proyecto

Una vez dentro de la plataforma, es momento de seguir avanzando para conocer la estructura de *Relevance AI* y explorar sus principales funciones:

➲ **Nombra tu proyecto.** En la esquina superior derecha, encontrarás el icono donde puedes gestionar tu cuenta. Asigna un **nombre a tu proyecto** para organizar mejor tus agentes de IA.

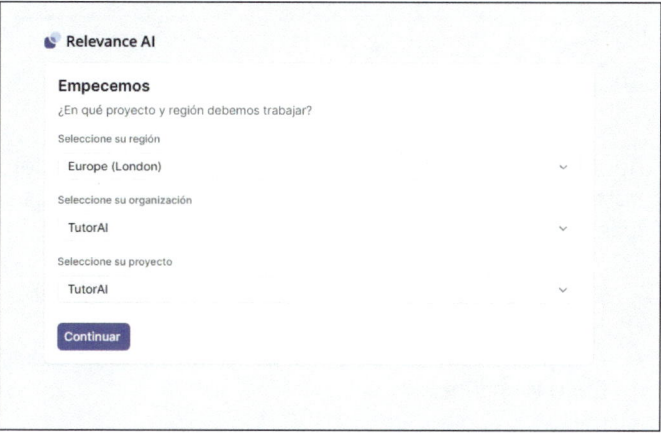

➲ **Explora la sección de plantillas.** *Relevance AI* ofrece plantillas de **agentes** predefinidos que puedes usar como base para tus proyectos:

1. Accede al menú **Plantillas** en la barra lateral.
2. Explora las categorías disponibles, como *marketing,* **investigación, ventas, operaciones e integraciones.**
3. Cada plantilla incluye agentes diseñados para tareas específicas, como atención al cliente, automatización de correos electrónicos o análisis de datos.

Además de los agentes, *Relevance AI* permite acceder a **plantillas de herramientas** que pueden ser usadas por los agentes para ejecutar tareas como:

- Extracción de datos de documentos o páginas web.
- Automatización de envíos de correos.
- Integraciones con herramientas externas como *Slack, Google Calendar* o *WordPress*.

NOTA

Abordaremos las plantillas de agentes y de herramientas proporcionadas en *Relevance AI* más adelante.

Una vez nombrado el proyecto y al acceder a **Panel de control,** comprobarás que tienes a tu disposición un menú con **plantillas predefinidas, plantillas de herramientas** como **plantillas de agentes de IA** ya configurados. Más abajo, encontrarás la sección donde podrás construir un agente de IA totalmente personalizado en función de tus requerimientos sin necesidad de utilizar estas plantillas si no lo consideras necesario.

*Panel de control de una
cuenta en Relevance AI*

Veamos a continuación, y por orden en el que se exponen, la información que se muestra en cada apartado del panel de control en *Relevance AI:*

⊃ **Notificaciones:**

    ⊍ Muestra alertas y actualizaciones sobre las actividades dentro de la plataforma.
    ⊍ Incluye recordatorios, errores en los agentes y cambios importantes en la configuración.
    ⊍ Permite estar al tanto de nuevas funciones y mejoras.

⊃ **Ajustes:**

    ⊍ Sección donde puedes personalizar la configuración de tu cuenta y tu organización.
    ⊍ Permite modificar preferencias generales, datos de usuario y seguridad.
    ⊍ Configuración de accesos y permisos de los agentes de IA.

◕ Plantillas:

- ◔ Contiene modelos predefinidos de agentes de IA listos para ser utilizados o personalizados.
- ◔ Organizado por categorías como investigación, *marketing,* ventas, operaciones e integraciones.
- ◔ Facilita la implementación rápida de agentes sin necesidad de programar desde cero.

◕ Agentes:

- ◔ Espacio donde se gestionan los agentes de IA creados.
- ◔ Permite configurar su comportamiento, las herramientas y los flujos de trabajo.
- ◔ Opción para crear, editar y supervisar agentes según las necesidades del usuario.

◕ Herramientas:

- ◔ Sección para diseñar y personalizar herramientas específicas que los agentes de IA pueden utilizar.
- ◔ Permite integrar funciones avanzadas como extracción de datos, automatización de respuestas y análisis de información.
- ◔ Posibilita la conexión con API y otras plataformas externas.

◕ Conocimiento:

- ◔ Repositorio de información donde los agentes pueden acceder a documentación y datos relevantes.
- ◔ Funciona como una base de datos estructurada para mejorar la precisión de las respuestas de los agentes.
- ◔ Permite entrenar a los agentes con contenido específico de la empresa o proyecto.

◕ Centro de actividades:

- ◔ Muestra un registro en tiempo real de todas las acciones ejecutadas por los agentes.
- ◔ Permite supervisar tareas en curso y verificar la efectividad de los procesos automatizados.
- ◔ Facilita la detección de errores y la optimización del rendimiento de los agentes.

- **Analítica:**
  - Proporciona métricas detalladas sobre el desempeño de los agentes de IA.
  - Incluye información sobre tiempos de respuesta, volumen de tareas completadas y eficiencia de automatización.
  - Permite realizar ajustes estratégicos basados en datos cuantificables.
- **Integraciones:**
  - Opción para conectar *Relevance AI* con otras herramientas y plataformas externas.
  - Compatible con sistemas de CRM, gestión de proyectos, correo electrónico y mensajería instantánea.
  - Facilita la sincronización de datos y mejora la funcionalidad de los agentes.
- **Academia de *Relevance AI:***
  - Centro de formación con guías, tutoriales y documentación para aprender a usar la plataforma.
  - Ofrece cursos y recursos para mejorar la configuración y la personalización de agentes de IA.
  - Ideal para nuevos usuarios o para personas que desean profundizar en funcionalidades avanzadas.
- ***YouTube:***
  - Acceso directo al canal de *YouTube* de *Relevance AI.*
  - Contiene vídeos explicativos, demostraciones en vivo y casos de uso de agentes de IA.
  - Recurso útil para entender la plataforma de manera visual e interactiva.
- **Comunidad:**
  - Espacio de interacción con otros usuarios de *Relevance AI.*
  - Permite compartir experiencias, resolver dudas y colaborar en proyectos.
  - Acceso a foros, grupos de discusión y eventos en línea.
- **¿Necesitas ayuda?**
  - Sección de soporte donde los usuarios pueden contactar con el equipo de *Relevance AI.*

◑ Incluye preguntas frecuentes (FAQ), documentación técnica y asistencia personalizada.

◑ Disponible para solucionar problemas técnicos o dudas sobre la configuración de agentes.

 **APLICACIÓN PRÁCTICA**

Samuel acaba de entrar por primera vez al panel de *Relevance AI*. Desea personalizar los permisos de sus agentes de IA, acceder a plantillas para proyectos de *marketing* y consultar métricas sobre el rendimiento de sus agentes en los últimos días.

¿Qué tres secciones del panel debería consultar para lograr sus objetivos?

Solución

Samuel necesita personalizar permisos (Ajustes), acceder a modelos preconfigurados (Plantillas) y consultar métricas (Analítica). Estas secciones del panel son clave para configurar y supervisar de manera eficaz sus agentes de IA.

- -

Si continúas profundizando en los diferentes apartados de tu panel de control, la aplicación *Relevance AI* permite acceder a las **plantillas de agentes de IA predefinidos** dentro de una de las secciones de dicho panel.

Plantillas de agentes en Relevance AI

Las **plantillas de agentes de IA predefinidos** son modelos listos para usar dentro de *Relevance AI* que permiten implementar agentes de inteligencia artificial sin necesidad de programarlos desde cero. Estas plantillas están diseñadas para realizar tareas específicas en diferentes áreas, como *marketing,* ventas, atención al cliente, gestión de proyectos, etc.

A continuación, mostraremos las características principales de las plantillas de agentes de IA:

Configuración rápida
- Permiten desplegar agentes funcionales en pocos minutos sin necesidad de conocimientos avanzados en IA.

Personalización
- Aunque son predefinidas, pueden modificarse y ajustarse según las necesidades del usuario o la empresa.

Automatización optimizada
- Diseñadas para realizar tareas específicas con flujos de trabajo ya configurados.

Casos de uso variados
- Desde la automatización del servicio al cliente hasta la generación de informes y el análisis de datos.

Igualmente, es posible seleccionar el agente de IA ya configurado para tareas específicas pulsando en plantillas por categoría. Es una fenomenal idea para ahorrar tiempo y aprovechar el trabajo que otras personas ya hicieron.

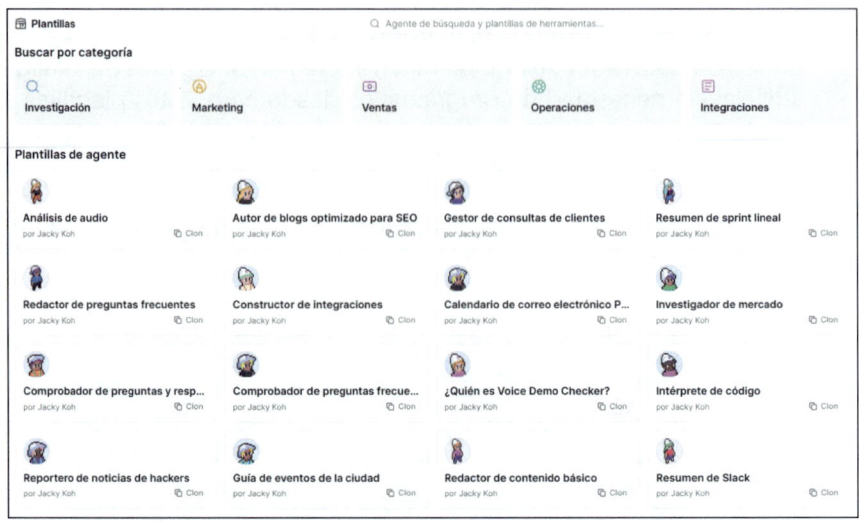

Plantillas de agentes por categorías en Relevance AI

 ACTIVIDAD COMPLEMENTARIA

5. El objetivo de esta actividad es el de aprender a identificar y analizar diferentes casos de uso de agentes de IA ya existentes, valorando su aplicabilidad en contextos reales. Para ello, explora y revisa bien las plantillas de agentes de IA por sectores que muestra la plataforma *Relevance AI*. Luego, selecciona una plantilla de agente de alguna de las categorías mostradas (investigación, *marketing*, ventas, operaciones o integraciones) y responde a estas preguntas:

- ¿Cuál es el nombre del agente seleccionado y a qué categoría pertenece?
- ¿Qué tipo de tareas crees que resuelve este agente?
- ¿Qué ventajas supone utilizar una plantilla preconfigurada frente a diseñar el agente desde cero?
- ¿Qué mejoras o personalizaciones le harías a esta plantilla para adaptarla a otro entorno profesional o sector diferente?

A continuación, dispones de cuatro ejemplos de agentes de IA predefinidos en *Relevance AI*. También podrás descubrir cuáles son las funciones para las que fueron configurados en el momento de su creación.

Suni	**Agente de soporte de intercomunicación** - Automatiza la atención al cliente con respuestas inteligentes
Lima	***Marketer* del ciclo de vida** - Envía correos electrónicos personalizados para mejorar las tasas de conversión
Apla	**Investigadora prospectiva** - Realiza investigaciones y análisis detallados de mercado
Elli	**Agente de enriquecimiento de datos** - Comprende y mejora la información sobre clientes potenciales

NOTA

Estas plantillas, al igual que otras, ofrecen una base sólida para agilizar procesos y mejorar la eficiencia en diversas áreas de negocio, permitiendo a los usuarios integrar agentes IA sin esfuerzo técnico.

Por otra parte, en el apartado **Plantillas** están disponibles las llamadas **plantillas de herramientas,** las cuales están organizadas por categorías.

Por ejemplo, la primera plantilla que muestra la siguiente imagen es **Realizar búsqueda en Google.** Esta plantilla permite a un agente de IA buscar información en *Google* de forma totalmente automática. Se le puede proporcionar una consulta o palabra clave, y la herramienta devuelve los resultados más relevantes. Su uso está destinado a:

- ⮞ Investigar tendencias de mercado en tiempo real.
- ⮞ Obtener información actualizada sobre un tema específico.
- ⮞ Recopilar datos para generación de informes o análisis de la competencia.

Con ello, es posible ahorrar tiempo en la búsqueda de información, permitiendo que los agentes de IA ofrezcan respuestas más precisas y actualizadas en tareas como servicio al cliente, generación de contenido o cualquier tipo de asistencia requerido en procesos de investigación.

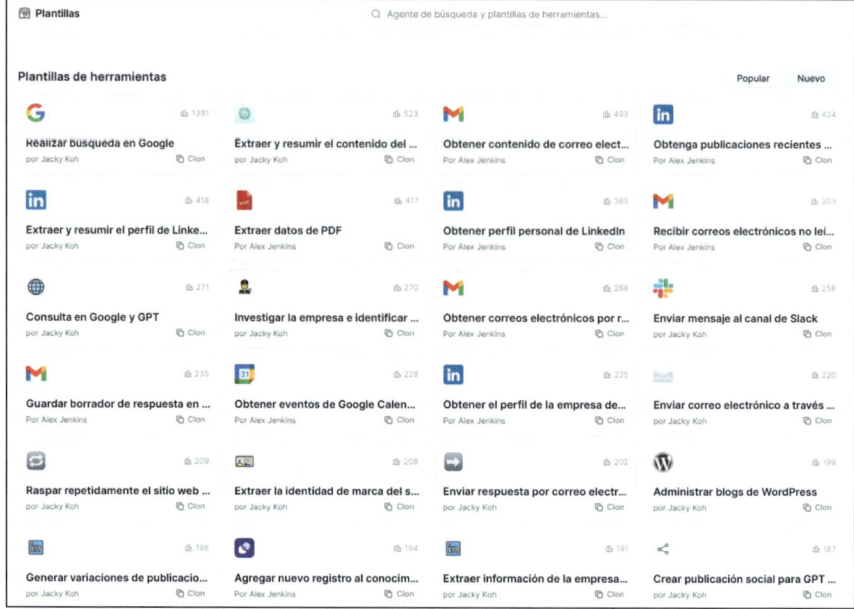

Plantillas de herramientas en Relevance AI

Seguidamente, conocerás cuáles son las **características principales del resto de las plantillas de herramientas** preconfiguradas en la plataforma, al menos las más relevantes. Podrás descubrir para qué están diseñadas.

Cada herramienta está creada para ejecutar una tarea específica, como extraer datos, enviar correos electrónicos o analizar información. Pueden añadirse y configurarse dentro de los agentes sin necesidad de conocimientos técnicos avanzados. Permiten que los agentes interactúen con múltiples aplicaciones y bases de datos con total eficiencia. Además, se pueden modificar y personalizar para ajustarse a las necesidades del usuario o de la empresa:

➲ **Extraer y resumir el contenido del sitio web:**

  ◑ **Propósito:** recopila información de páginas web y la resume.
  ◑ **Características:**

    ⬍ Ingresa a sitios web específicos y extrae el contenido.
    ⬍ Genera un resumen automático de la información clave.
    ⬍ Ahorra tiempo en lectura y procesamiento de datos.

  ◑ **Aplicación:** ideal para análisis de noticias, informes de mercado y curación de contenido.

➲ **Obtener contenido de correo electrónico:**

ʘ **Propósito:** recupera información relevante de los correos electrónicos.
ʘ **Características:**

⇕ Extrae el texto de los correos electrónicos.
⇕ Puede clasificar mensajes según categorías predefinidas.
⇕ Ayuda en la organización y la priorización del correo.

ʘ **Aplicación:** gestión eficiente del correo electrónico en atención al cliente y productividad empresarial.

➲ **Extraer datos de PDF:**

ʘ **Propósito:** automatiza la extracción de texto de archivos PDF.
ʘ **Características:**

⇕ Lee y convierte archivos PDF en texto estructurado.
⇕ Puede identificar palabras clave o secciones importantes.
⇕ Facilita el procesamiento de documentos largos.

ʘ **Aplicación:** análisis de contratos, revisión de documentos y gestión de archivos legales.

➲ **Extraer y resumir el perfil de *LinkedIn:***

ʘ **Propósito:** recopila y resume información clave de perfiles de *LinkedIn.*
ʘ **Características:**

⇕ Obtiene datos sobre experiencia laboral, educación y habilidades.
⇕ Genera un resumen estructurado del perfil.
⇕ Puede integrarse en herramientas de reclutamiento o ventas.

ʘ **Aplicación:** útil para equipos de Recursos Humanos y generación de *leads* en ventas B2B.

➲ **Consultar en *Google* y *GPT:***

ʘ **Propósito:** combina la búsqueda en *Google* con el procesamiento de IA de *GPT.*
ʘ **Características:**

⇕ Realiza consultas en *Google.*
⇕ *GPT* analiza y resume la información obtenida.
⇕ Mejora la precisión en respuestas generadas por IA.

◑ **Aplicación:** asistentes virtuales, generación de contenido y análisis de información compleja.

➲ **Obtener eventos de *Google Calendar:***

◑ **Propósito:** sincroniza y extrae eventos del calendario de *Google*.
◑ **Características:**

⇕ Obtiene citas y reuniones programadas.
⇕ Puede generar recordatorios y resúmenes.
⇕ Facilita la organización de la agenda.

◑ **Aplicación:** asistentes personales, automatización de programación y productividad empresarial.

➲ **Enviar mensaje al canal de *Slack:***

◑ **Propósito:** permite que un agente de IA envíe notificaciones y mensajes en *Slack*.
◑ **Características:**

⇕ Conecta *Slack* con agentes de IA para comunicación automatizada.
⇕ Envía mensajes basados en eventos o alertas.
⇕ Mejora la coordinación dentro de los equipos de trabajo.

◑ **Aplicación:** comunicación interna en empresas y gestión de equipos remotos.

➲ **Raspar repetidamente el sitio web:**

◑ **Propósito:** extrae información de páginas web de manera periódica.
◑ **Características:**

⇕ Realiza ***scraping*** web automatizado.
⇕ Puede programarse para extraer datos regularmente.
⇕ Útil para seguimiento de precios, noticias o contenido dinámico.

◑ **Aplicación:** análisis de mercado, monitoreo de competencia y recopilación de datos de fuentes públicas.

➲ **Crear publicación social para *GPT:***

◑ **Propósito:** automatiza la creación de contenido para redes sociales usando IA.

○ **Características:**

⇕ *GPT* genera publicaciones a partir de datos proporcionados.
⇕ Puede personalizarse según el tono y el objetivo.
⇕ Ahorra tiempo en la gestión de redes sociales.

○ **Aplicación:** *marketing* digital, gestión de contenido y optimización de redes sociales.

⊃ **Administrar blogs de *WordPress:***

○ **Propósito:** facilita la creación y la administración de contenido en blogs.
○ **Características:**

⇕ Permite automatizar la publicación de artículos.
⇕ Puede optimizar contenido para SEO.
⇕ Conecta *WordPress* con agentes de IA para generación de contenido.

○ **Aplicación:** creación de blogs automatizados y estrategias de contenido web.

DEFINICIÓN

Scraping
Técnica utilizada en tareas como la recopilación de datos de mercado, monitoreo de precios, análisis de tendencias y generación de bases de datos mediante programas o *scripts* que navegan por páginas, recopilando y almacenando información. Es el proceso automatizado de extracción de datos de sitios web. Similar a un robot al que se le pide que visite páginas web y copie la información que necesitas, pero de manera automática y rápida. En lugar de hacerlo manualmente, el robot extrae datos como precios, nombres, imágenes o cualquier otro contenido, guardando la información en un formato útil para analizarla o usarla después.

4.3. Crea herramientas para tu agente de IA

Con las herramientas es posible personalizar funciones específicas para los agentes de IA. Las herramientas o *tools* son recursos clave para estos agentes. Igualmente, dentro de la aplicación *Relevance AI* es posible crear nuestras propias herramientas para que sean utilizadas por esos agentes de IA que estemos desarrollando.

Creación y configuración de herramientas en Relevance AI

NOTA

Un agente singular es una IA al que le proporcionamos una serie de herramientas para que sea capaz de interactuar con el medio. Por este motivo, debemos darle a nuestro agente sus propias herramientas. Al pulsar **+ Crear herramienta** podemos adaptar dicha herramienta a nuestras propias necesidades.

Antes de crear un agente, necesitamos diseñar una herramienta que este podrá utilizar, por lo que hay que avanzar por dos simples pasos:

1. Accede a **Herramientas** y haz clic en **Crear herramienta.** Se abrirá un formulario donde definirás cómo funciona la herramienta.
2. Define los *inputs* (entradas). Los *inputs* son los datos que la herramienta necesita para funcionar.
   Por ejemplo, si quieres que tu agente responda correos, deberás indicar a qué dirección se debe enviar la respuesta:

   ◑ Haz clic en *Inputs* y selecciona *Text input.*
   ◑ Nombra la entrada como **"Correo".**

◔ Añade una descripción clara: "Correo de la persona a la que el agente responderá".
◔ Marca la entrada como obligatoria *(Required).*

A continuación, podrás visualizar y seguir cada uno de estos pasos.

Al crear una herramienta para un agente de IA, lo primero que hemos hecho es definir qué datos necesitará para ejecutar su función correctamente. Esto se conoce como **entradas** o *inputs.*

Así pues, si nuestra pretensión es que el agente responda automáticamente a un correo electrónico, hemos necesitado indicarle a qué dirección debe enviar la respuesta. Por tanto, si diseñamos una herramienta para gestionar correos electrónicos, una de las entradas clave será el campo donde se escribirá la dirección electrónica del destinatario.

Inputs de herramientas en Relevance AI

NOTA

No olvides configurar correctamente las entradas de la herramienta haciendo clic en **Inputs** y seleccionando el tipo de dato adecuado. En este caso, elegimos **Entrada de texto *(Text input),*** ya que la dirección de correo electrónico es un dato textual.

- -

CONSEJO

También puedes usar otros tipos de entradas, como listas desplegables o datos en formato JSON, dependiendo de la funcionalidad que necesites.

- -

Una vez seleccionada la opción de **Entrada de texto,** debemos nombrarla para que quede claro qué información se debe introducir. En este caso, escribimos **Correo** para que sepamos que es ahí donde deberemos ingresar una dirección de correo electrónico.

Presta atención a las capturas de pantallas que se irán mostrando a continuación para que no pierdas detalle.

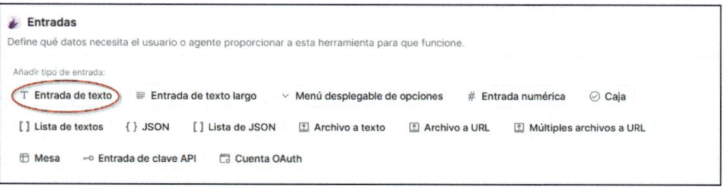

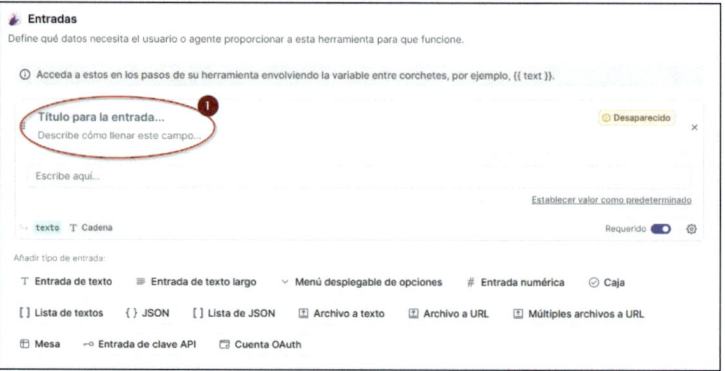

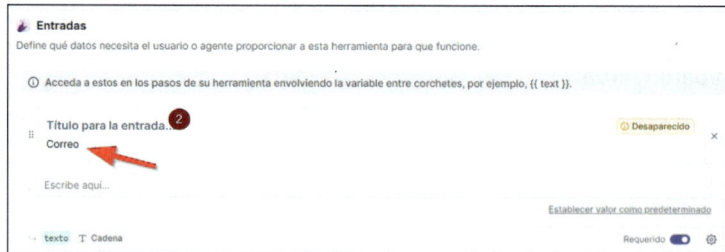

Añadimos la dirección electrónica de la persona, el organismo o la empresa a la que el agente de IA debe responder.

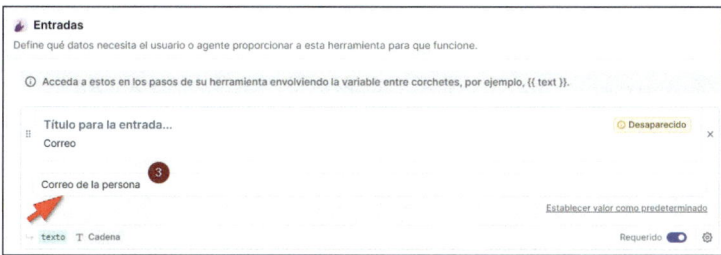

Después de nombrar y describir la entrada, el siguiente paso es asegurarnos de que el sistema la reconozca correctamente. Para ello, modificamos la variable de entrada y la configuramos como **Correo.** Esto es importante por varias cuestiones:

1. Permite que el agente de IA acceda a este dato cuando lo necesite.
2. Se puede utilizar dentro del código del agente usando {{ **correo** }} para referirse a esta variable.
3. Ayuda a conectar esta información con otras funciones dentro de la herramienta.

Modificamos la variable **Texto** *(Text)* de la etiqueta, especificando en ella **Correo.**

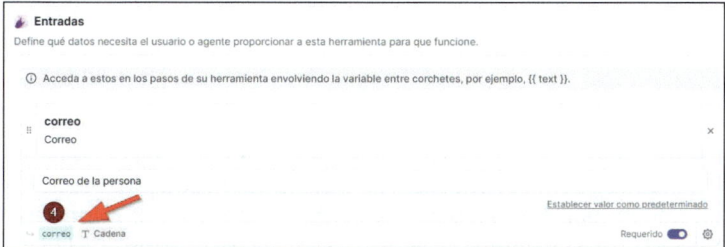

A través de los pasos anteriores, hemos conseguido que nuestro agente de IA sepa que para usar esta herramienta concreta necesitará un correo.

Habrás visto que hay un botón activado por defecto que indica **Requerido** *(Required).* Este botón activado significa que para que se inicie la herramienta es necesaria la variable informada (correo electrónico). Esto hay que tenerlo en cuenta porque a medida que el agente utilice diferentes herramientas, podrán existir argumentos que no son necesarios para que se active la herramienta. Para el objetivo que tiene el agente de IA que estamos construyendo, sí es necesario conocer la variable (correo de la persona) para poder enviar un mensaje.

Posteriormente, hay que ir añadiendo los siguientes pasos.

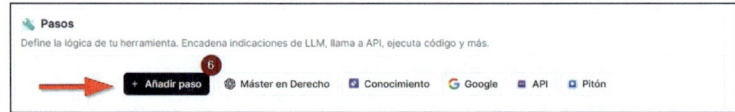

Una vez pulsado el botón + **Añadir paso** *(+ Add step),* accederemos a un potente recurso que nos va a permitir añadir múltiples opciones: dialogar con inteligencias artificiales, transformar datos, extraer información de un sitio web, realizar llamadas a diferentes API o interfaces de las aplicaciones, etc.

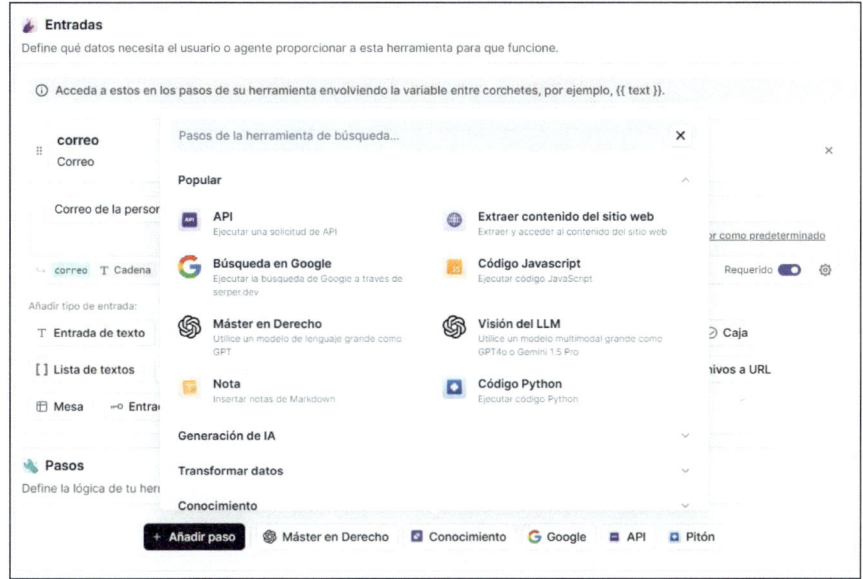

En este apartado lo que hemos conseguido es que, partiendo de una información inicial, indiquemos los pasos que se han de dar; por ejemplo, vamos a añadir un paso que consiste en acceder a todas las opciones de *Gmail* para poder activar el envío de un correo electrónico. Para ello, en el cuadro de búsqueda que aparece tras pulsar + **Añadir paso** *(+ Add step)* escribiremos **"gmail"**.

Una vez abiertas las opciones, buscaremos el apartado **Enviar correo electrónico** *(Send Gmail email).*

Al hacer clic en **Enviar correo electrónico de Gmail,** aparecerá una pantalla con campos obligatorios y opcionales.

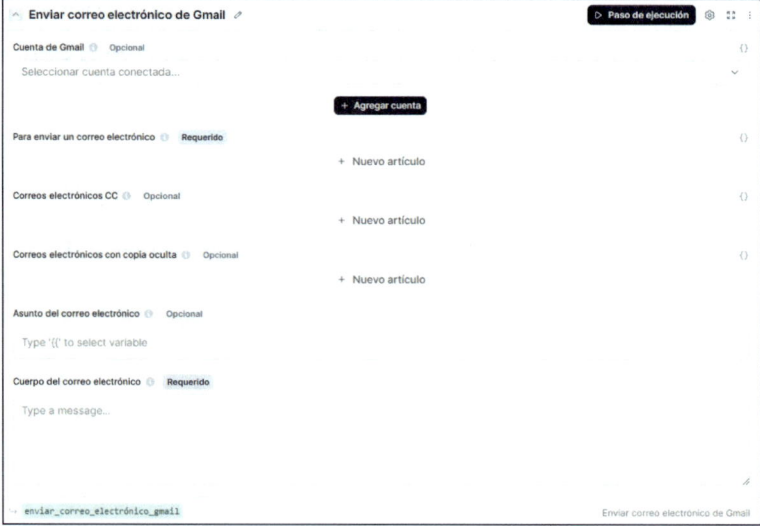

Lo primero que tenemos que hacer es vincular nuestro correo electrónico a *Relevance AI,* basta con pulsar + **Agregar cuenta** *(Add mail)* y conceder permisos.

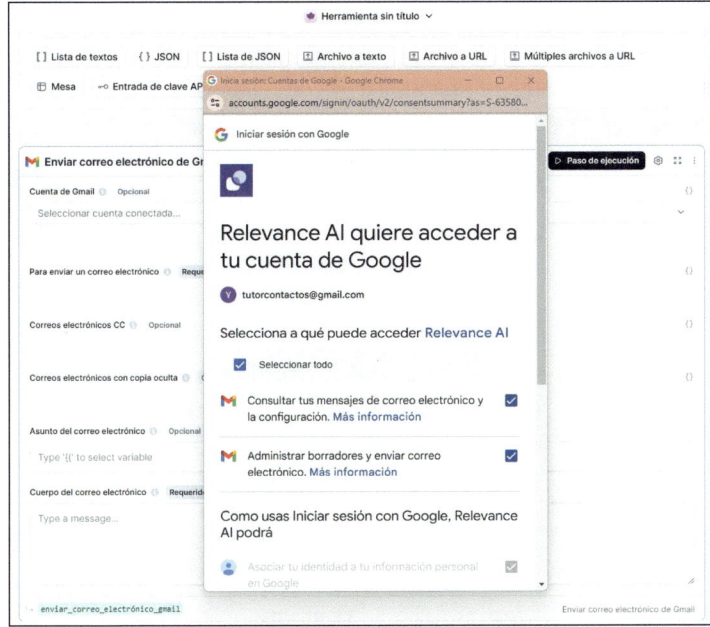

Posteriormente, una vez concedidos permisos a tu cuenta de *Google,* relle-
narás los campos obligatorios, como son los correos de las personas desti-
natarias de los mensajes, el asunto y el contenido del mensaje.

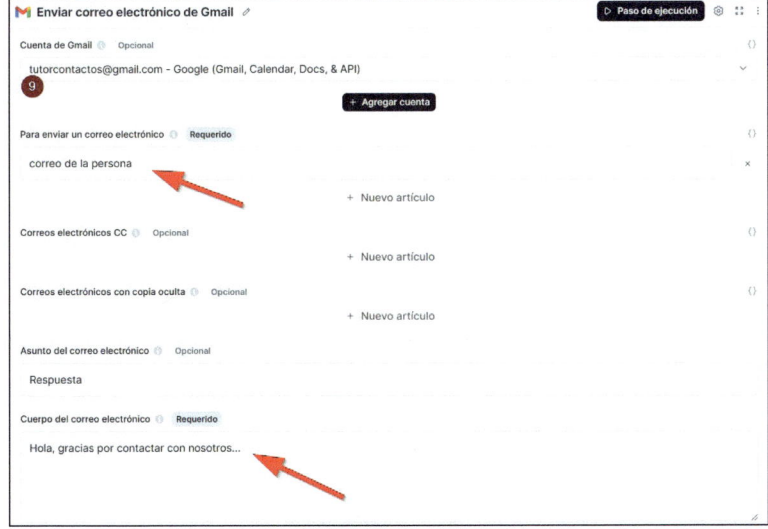

Una vez que hayas completado todos los argumentos obligatorios y aquellos otros opcionales de los que quieras informar, pulsarás el botón **Paso de ejecución** para activar la acción.

En caso de que se te olvide introducir alguna variable obligatoria, la aplicación mostrará un mensaje de error, indicando exactamente cuál es el campo que deberás rellenar o modificar:

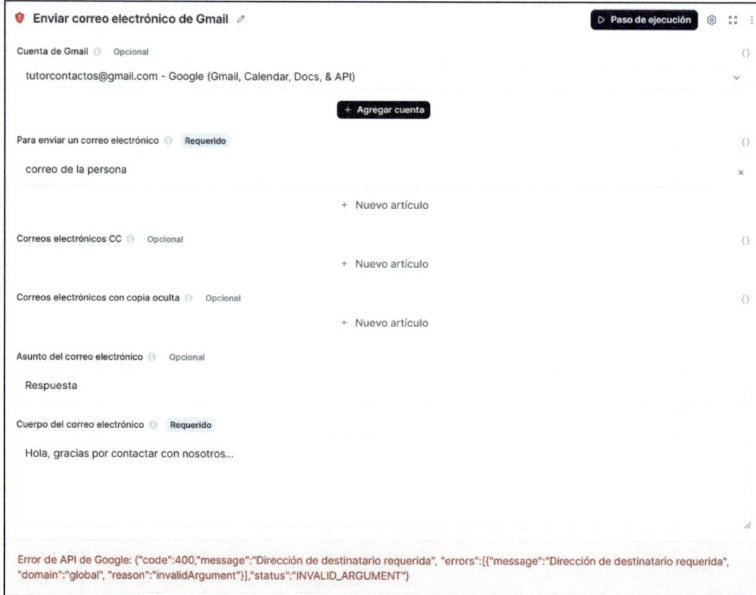

En este ejemplo, olvidamos introducir el correo del receptor del mensaje:

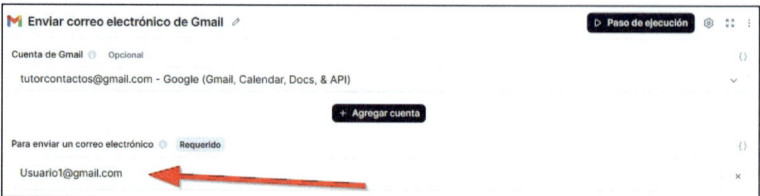

Después, añade la variable {{correo}}.

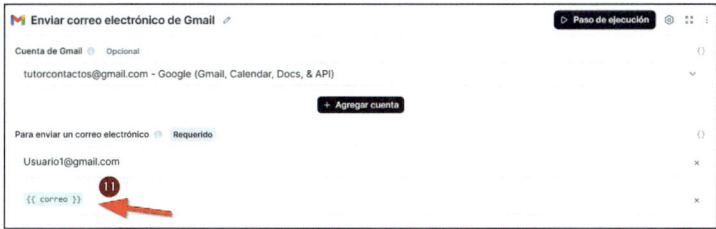

Seguidamente, y de forma automática, se creará un identificador único del mensaje de *Gmail*.

También, obtendrás un identificador único del correo procesado o el resultado de una acción previa. O lo que es lo mismo, un identificador de salida de la herramienta generada.

Recuerda que desde aquí puedes añadir más herramientas:

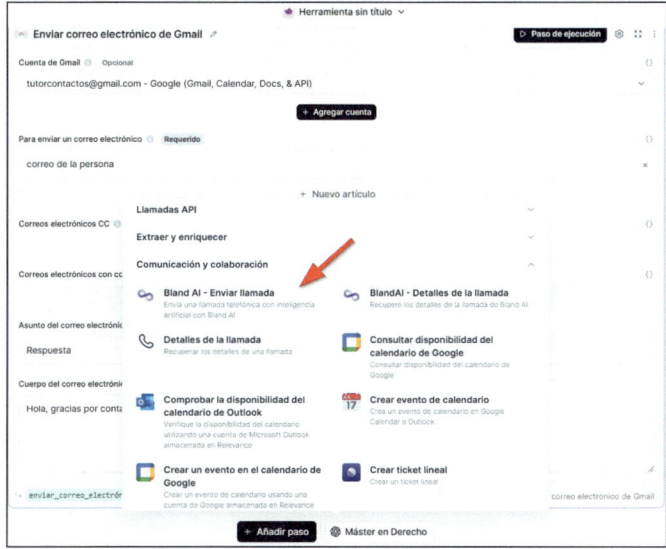

Por ejemplo:

Si durante el proceso creación de un agente de IA deseas borrar una de las herramientas creadas, puedes hacerlo pulsando sobre los tres puntos verticales que se muestran a continuación:

Habrás observado que a la hora de añadir paso (+ **Añadir paso**) se muestra un icono de configuración; si pulsas, por ejemplo, en el icono de configuración del paso **Máster en Derecho (LLM), podrás crear una configuración opcional:**

1. Seleccionar el modelo de inteligencia artificial para utilizar. Las opciones incluyen versiones como GPT-3.5, GPT-4 y versiones optimizadas como GPT-4 Turbo. Es posible cambiar a otro modelo dependiendo de las necesidades (mayor contexto o velocidad).
2. Limitar la cantidad de texto que el modelo genera (máximo de *tokens)*, útil para controlar el coste y el tiempo de procesamiento.
3. Fijar una semilla para garantizar salidas consistentes si vuelves a ejecutar el modelo con los mismos datos de entrada.

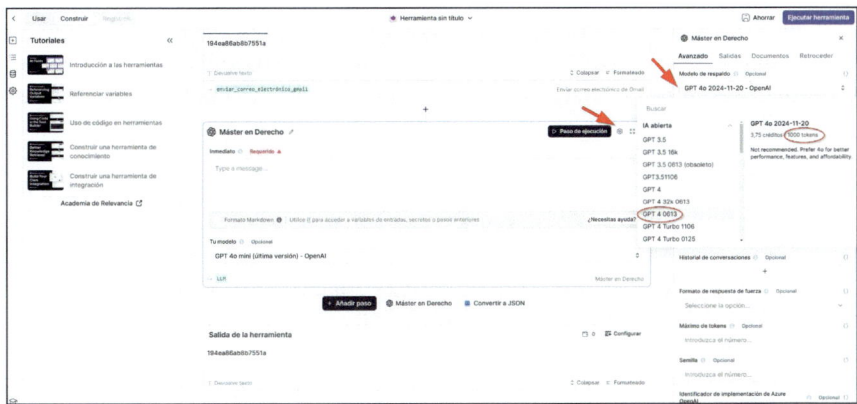

En este momento o en cualquier otro, puedes añadir el nombre a la herramienta creada, basta con pulsar en **Herramienta sin título** y nombrarla de manera descriptiva para saber qué tarea realiza. Por ejemplo, **"Enviar correo electrónico con Gmail"**.

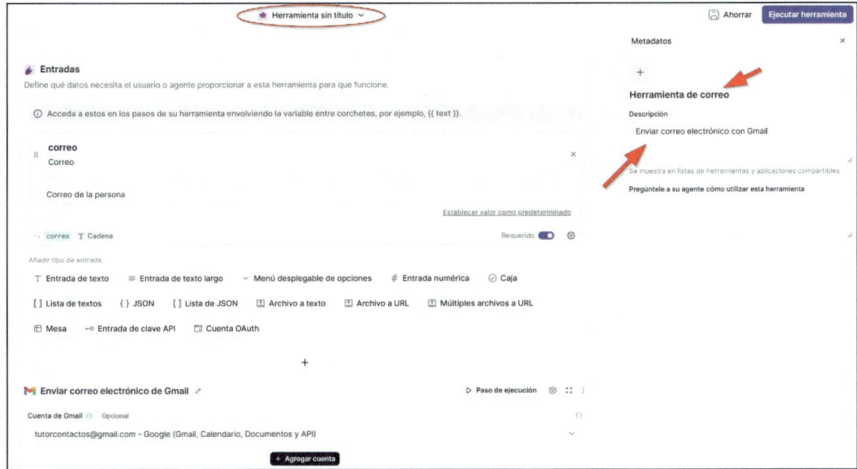

SABÍAS QUE...

Puedes utilizar servicios como **_Make.com_** para realizar tareas externas como etiquetar correos. Esta herramienta configura flujos de trabajos externos.

Para configurar una nueva herramienta, accede **a *New Tool*** que es la sección de *Relevance AI* que permite crear herramientas personalizadas que luego podrán ser utilizadas por los agentes de IA. Desde ahí se define tanto la entrada de datos como la funcionalidad específica que se desea implementar. Al configurar una nueva herramienta, se comienza especificando los ***inputs,*** es decir, la información que la herramienta necesita para funcionar correctamente. Por ejemplo:

- ➲ ***Input* 1:** *Gmail Thread ID* (identificador del correo).
- ➲ ***Input* 2:** Etiqueta (como "Importante", "Factura" u "Otros").

Una vez definidos los *inputs,* se procede a **añadir la funcionalidad,** estableciendo los pasos concretos que debe seguir la herramienta para procesar esa información. Así se construyen bloques de acción claros que el agente podrá ejecutar en sus flujos de trabajo.

En la configuración avanzada encontrarás un ajuste llamado **Inmediato** y una opción de **Formato Markdown.**

A continuación, se mostrará cuál es el significado de cada concepto:

Inmediato	Formato Markdown
- Este ajuste indica que la herramienta debe ejecutarse en tiempo real, lo cual es realmente importante seleccionarlo si el agente necesita responder rápidamente.	- Activar esta opción permite usar formato Markdown en la salida del modelo, útil si necesitas incluir listas, enlaces o texto formateado.

TAREA 4

Daniel trabaja en el Área de Soporte al Cliente de una tienda *online* de productos tecnológicos. Recibe cientos de correos a diario y le resulta difícil clasificarlos rápidamente para derivarlos al equipo correspondiente. Su empresa está interesada en aplicar inteligencia artificial, pero busca una solución práctica que no requiera grandes desarrollos. ¿Cómo podría Daniel automatizar procesos, personalizar experiencias, mejorar la atención a la clientela, optimizar campañas de *marketing* y potenciar la toma de decisiones?

Basándote en lo aprendido, responde a estas cuestiones: ¿Cómo podría Daniel usar un agente de IA para automatizar la gestión de estos correos? ¿Qué tipo de instrucciones debería programar? ¿Qué beneficios concretos obtendría su empresa?

4.4. Crea un agente de IA

Una vez que has creado y configurado las herramientas que utilizará tu agente, llega el momento clave: **dar forma al agente de IA en *Relevance.*** Este agente será capaz de etiquetar automáticamente los correos electrónicos entrantes en función de su contenido, ayudándote a mantener la bandeja de entrada organizada sin esfuerzo.

Este proceso consiste en unir todas las piezas previamente diseñadas (como los clasificadores, los extractores de datos o los conectores externos) en una estructura lógica que permita al agente actuar de manera autónoma ante distintas situaciones. En *Relevance AI,* esto se realiza a través de un entorno visual muy intuitivo, donde puedes **establecer objetivos, condicionar decisiones y definir la lógica de actuación del agente paso a paso.** Este es el momento en que tu agente empieza a tener identidad y propósito.

A continuación, verás cómo configurarlo para que no solo ejecute tareas, sino que lo haga de forma contextual e inteligente:

⊃ **Comienza la configuración.** Para ello, accede al apartado *New Agent,* donde podrás crear tu agente desde cero. Allí:

1. Asigna un **nombre** y una **imagen de avatar** que representen su función (por ejemplo, "Agente etiquetador de *e-mails*").

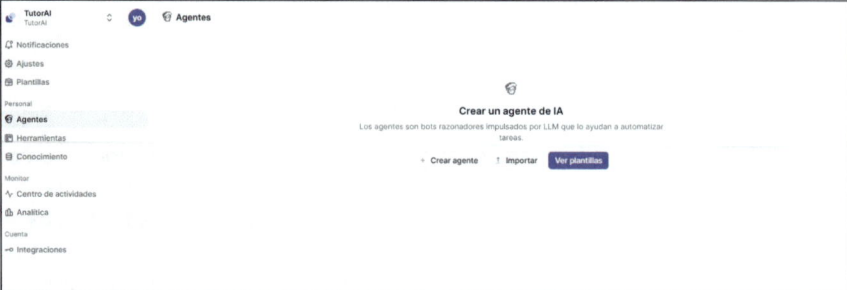

Crea un agente que, mientras estemos realizando otras tareas y cada vez que nos llegue un correo electrónico, el agente lo va a etiquetar como "correo importante", "promoción" u "otros".

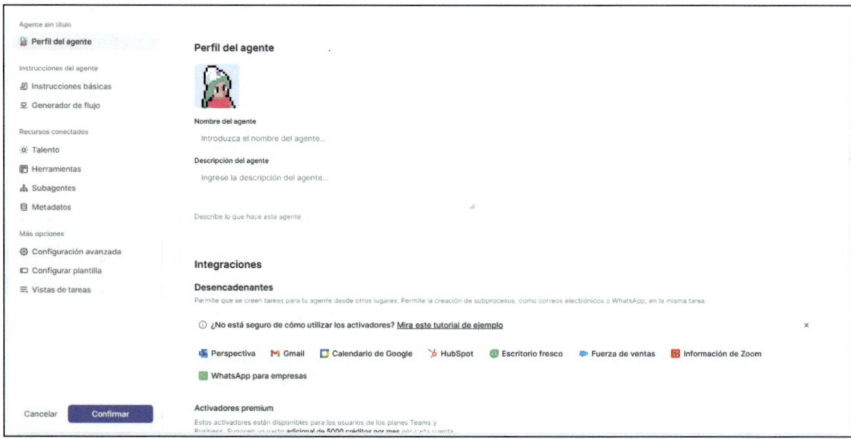

2. **Define el perfil:**

⇕ Escoge un nombre y una imagen de avatar de entre las opciones o bien sube tu propio avatar. Intenta que el nombre del agente de IA esté relacionado con la tarea que va a ejecutar. Por ejemplo, "Agente etiquetador de *e-mails*".

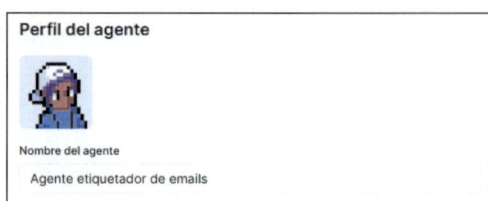

3. Redacta una **descripción breve** explicando su propósito (como "Este agente etiqueta correos como importantes, facturas u otros").

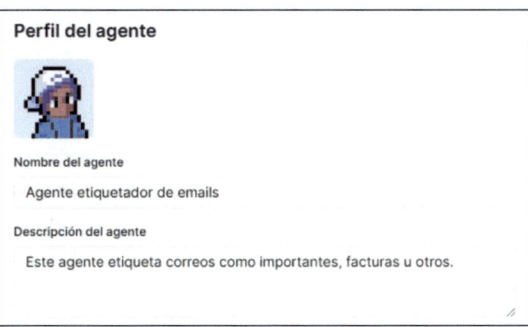

4. Establece los **desencadenantes** *(triggers)* que determinarán cuándo debe activarse. En este ejemplo, seleccionaremos **Gmail como fuente de activación,** de modo que el agente se ponga en marcha cada vez que llegue un nuevo correo. También aprenderás a aplicar **filtros simples** (por ejemplo, limitar su acción solo a correos de la bandeja principal), lo que permitirá que su comportamiento sea más preciso y evite activaciones innecesarias.

Por ejemplo, permite la creación de subprocesos, como son los correos electrónicos o mensajes de *WhatsApp* de empresa, en una misma tarea, por lo que es muy importante especificar cuándo el agente se activará:

⇕ Selecciona **Gmail** como fuente de activación.

➲ **Asocia tu cuenta de *Gmail*.** Por defecto, si ya has vinculado tu cuenta de *Gmail* a *Relevance AI,* se abrirá automáticamente una **ventana de permisos.**
Allí se te informará sobre:

➲ El acceso para leer correos, enviar borradores y consultar tu identidad de *Google*.
➲ La posibilidad de modificar los permisos o añadir otra cuenta si lo necesitas más adelante.

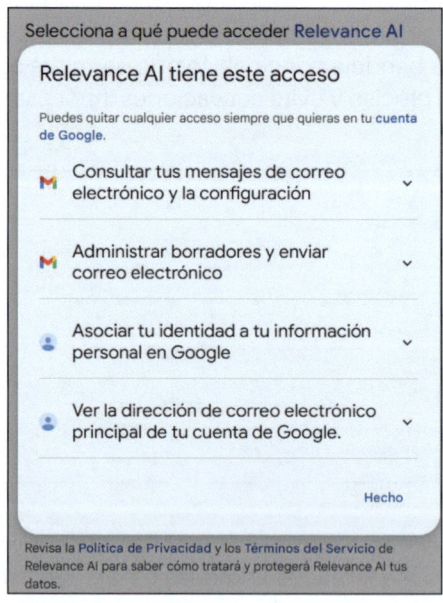

➲ **Configura los filtros de activación.** Una vez seleccionada la fuente de activación *(Gmail),* es importante definir en qué **situaciones concretas** debe actuar tu agente. Esto evita que reaccione ante mensajes irrelevantes (como *spam* o promociones) y se enfoque solo en los que realmente importan.

Para ello, sigue estos dos sencillos pasos:

◑ Paso 1. Selecciona el tipo de correos que activarán el agente. Ejemplos:

⇕ Todos los correos electrónicos en la bandeja de entrada.
⇕ Solo respuestas de divulgación.

◑ Paso 2. Añade filtros adicionales para refinar la activación. Puedes seleccionar, por ejemplo:

⇕ Solo correos que estén en la **bandeja principal.**
⇕ Remitentes específicos o que **no sean automatizados.**
⇕ Palabras clave concretas en el **asunto.**

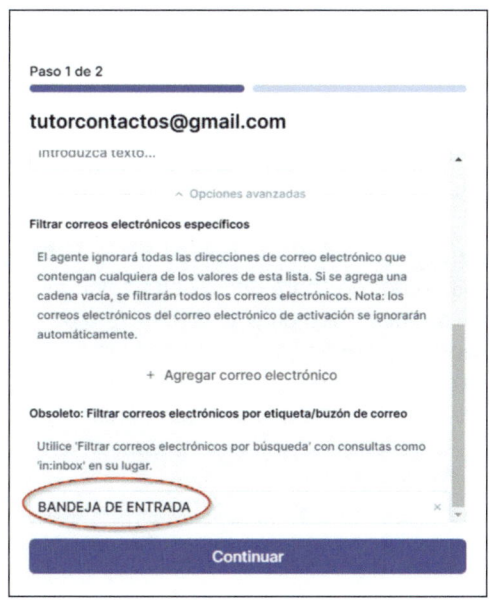

Puedes combinar varios filtros para que el agente solo se active cuando se cumplan todos los criterios definidos. Esto asegura una mayor precisión, evita sobrecargas innecesarias y mejora su efectividad dentro de tu entorno de trabajo. Es decir, una vez hayas seleccionado *Gmail* como fuente de activación, es fundamental definir los filtros que determinarán **en qué situaciones exactas debe activarse tu agente.** Esta configuración te permitirá evitar que el agente reaccione ante correos irrelevantes (como *spam* o promociones) y centrarse solo en aquellos mensajes realmente importantes para tu flujo de trabajo.

Para ello:

↺ **Selecciona condiciones específicas** desde el menú de filtros. Por ejemplo:

 ⇕ Que el correo esté ubicado en la bandeja principal.
 ⇕ Que el remitente sea una persona (y no una empresa o sistema automático).
 ⇕ Que el asunto del correo contenga determinadas palabras clave.

 **NOTA**

Al configurar los desencadenantes, es importante tener en cuenta el comportamiento que queremos para nuestro agente. Por tanto, antes de continuar, para y piensa cómo quieres que sea ese comportamiento. Como ayuda puedes formularte estas preguntas:

- ¿Debería estar activo todo el tiempo?
- ¿Solo reaccionar cuando recibe una respuesta?
- ¿O buscar información de forma constante?

Puedes adaptar el agente según su función. Por ejemplo, si se trata de un agente generador de contenido de alto valor, puede tener sentido que trabaje de forma continua, pero en el caso concreto de nuestro **agente etiquetador de correos electrónicos,** lo más adecuado es que se active **solo cuando reciba un nuevo mensaje.** De esta manera conseguimos optimizar recursos y actuar únicamente cuando sea necesario.

4.5. Integra herramientas a tu agente de IA

Una vez creado tu agente, el siguiente paso es **dotarlo de las capacidades necesarias para que pueda actuar de forma autónoma y con eficacia.** Para ello, deberás integrarle herramientas específicas, como clasificadores, analizadores de texto o conectores externos, que has podido configurar en fases anteriores.

Estas herramientas serán las que le permitan a tu agente leer correos, interpretar su contenido, tomar decisiones y ejecutar acciones dentro de un flujo de trabajo real.

 **EJEMPLO**

Imagina que estás montando un equipo: cada herramienta representa a un miembro con una función concreta. Por ejemplo:

- Un clasificador puede analizar el contenido del correo y determinar si se trata de una factura, una consulta o un mensaje urgente.
- Un conector, en cambio, puede registrar información en una base de datos o enviar alertas automáticas a *Slack*. Lo que harás en esta fase es decidir qué herramientas utilizará tu agente y en qué orden las aplicará para cumplir con dicho propósito.

En *Relevance AI,* el proceso de integrar herramientas al agente de IA es muy visual. Para ello, dirígete a la configuración del agente, ahí puedes añadir las herramientas que ya has creado e integrarlas como bloques dentro de un flujo lógico.

 **NOTA**

Este tipo de integración modular te permite diseñar agentes flexibles, capaces de adaptarse a distintas tareas sin necesidad de programar.

A continuación, se describen los sencillos pasos que se han de dar para realizar esta integración:

Paso 1: conecta la herramienta al agente
- Accede a la configuración del agente.
- Añade la herramienta que necesitas (por ejemplo, un clasificador de correos o un extractor de datos).
- Así estableces el vínculo entre el agente y la funcionalidad que va a ejecutar.

Paso 2: configura los permisos de ejecución
- Marca la opción Autorun para que la herramienta se active automáticamente cada vez que se ponga en marcha el agente.
- Esto garantiza un funcionamiento fluido, sin necesidad de intervención manual.

Una buena integración no solo permite que el agente haga ciertas cosas, sino que lo haga coherentemente y con total orden. Es como ensamblar los engranajes de una máquina: si todo está bien conectado, el sistema funcionará con precisión.

Un agente de IA bien montado es aquel que recibe un correo, lo interpreta con las herramientas adecuadas y responde de forma inteligente, todo sin intervención humana.

Dedica el tiempo necesario a esta etapa. Aquí es donde tu agente pasa de ser una estructura vacía a convertirse en un asistente funcional con capacidad operativa real.

NOTA

En el caso del agente etiquetador de correos electrónicos, integrar correctamente herramientas como un clasificador de mensajes es fundamental para automatizar la gestión de *Gmail.* Por ejemplo, una vez vinculado el clasificador al agente y activado en modo *Autorun,* este podrá analizar automáticamente cada nuevo correo recibido, interpretar su contenido y aplicar una etiqueta correspondiente (como "Importante", "Facturas" u "Otros"). Gracias a esta integración, el agente se convierte en una pieza activa de tu rutina digital, trabajando en segundo plano para mantener tu bandeja de entrada organizada sin que tengas que intervenir manualmente.

4.6. Instruye a tu agente de IA

Una vez que las herramientas están integradas, llega el momento de definir **cómo debe actuar tu agente.** Esto es:

- ⊃ Qué tareas realizará.
- ⊃ Qué pasos debe seguir.
- ⊃ En qué orden.

Seguidamente, conocerás ciertas claves que te serán muy útiles para instruir al agente, es decir, para llevar a cabo su entrenamiento:

1. **Qué tareas realizará.** Por ejemplo, analizar el contenido del correo recibido y determinar si se trata de una factura, una propuesta comercial o una solicitud urgente.
2. **Qué pasos debe seguir:**

    a. Primero, revisar el asunto y cuerpo del mensaje.
    b. Después, identificar palabras clave o patrones semánticos.
    c. Y, finalmente, decidir la categoría correspondiente.

3. **Y en qué orden.** Por ejemplo:

    a. Comenzar filtrando los correos que estén en la bandeja principal.
    b. Luego, evaluar si provienen de un remitente conocido, y solo entonces aplicar la etiqueta correspondiente (como "Importante", "Factura" u "Otros").

Con todo ello le darás al agente instrucciones claras a través de flujos visuales o reglas condicionadas. Este entrenamiento es clave para que el agente comprenda el propósito de cada acción y responda de forma adecuada ante los distintos escenarios que se le puedan presentar.

IMPORTANTE

Integrar herramientas es fundamental, pero no suficiente: por este motivo toca enseñar al agente cómo usarlas. Por tanto, esta fase es clave, porque aquí defines las instrucciones que guiarán su comportamiento, es decir, **le estás entrenando para que aprenda a interpretar los datos que recibe, qué lógica debe seguir y cómo priorizar sus decisiones.**

- -

APLICACIÓN PRÁCTICA

Lucía ha configurado un agente etiquetador de correos en *Relevance AI*. Quiere que su agente aplique una etiqueta solo si el mensaje está en la bandeja principal y proviene de un remitente conocido. Después, el agente debe clasificarlo como "Factura" si encuentra palabras como "pago", "importe" o "vencimiento".

¿Qué instrucción representa correctamente el orden lógico que debe seguir su agente?

Solución

Revisar si está en bandeja principal → Verificar el remitente → Clasificar el correo.

Con el flujo correcto, primero se filtran los correos de la bandeja principal, luego se valida que el remitente sea conocido y, finalmente, se analiza el contenido para aplicar la etiqueta adecuada. Este tipo de lógica clara y secuencial es esencial para instruir eficazmente a un agente de IA.

- -

A fin de reforzar la importancia de esta fase de instrucción, hay que destacar que adiestrar a tu agente consiste en introducir directrices claras en lenguaje natural que sirvan a modo de cerebro operativo a fin de que pueda coordinar el uso de las herramientas integradas con total eficiencia y eficacia. Por ejemplo, ten muy presente indicaciones como esta:

"Si el correo contiene palabras como reclamación, insatisfacción o problema, clasifícalo como una queja urgente".

Este tipo de instrucciones permite que el agente actúe con flexibilidad, incluso frente a mensajes redactados con diferentes estilos o tonos de mensaje.

NOTA

En este sentido, *Relevance AI* permite personalizar estas instrucciones dentro del flujo del agente, e incluso crear variantes que se activen según el tipo de mensaje recibido. Cuanto más concretas y contextualizadas sean las indicaciones, mejores resultados obtendrás. Es como entrenar a una persona nueva en tu equipo: cuanta mayor claridad exista en las instrucciones, debidamente estructuradas y adaptadas a la tarea que va a ejecutar, más eficaz será su rendimiento.

De modo que una forma efectiva de redactar estas instrucciones es seguir una estructura dada. Aprovechemos este momento para parar y hacer un recordatorio del rol, el contexto y el objetivo de cualquier agente de inteligente artificial:

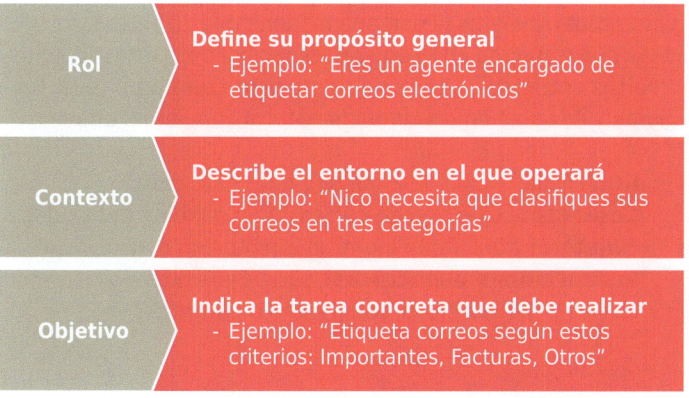

Continúa en página siguiente >>

<< Viene de página anterior

Pasos operativos	**Describe de forma clara las acciones que debe llevar a cabo** - Paso 1: Revisa el contenido del correo. - Paso 2: Evalúa el mensaje según los criterios definidos. - Paso 3: Aplica la etiqueta correspondiente.

 CONSEJO

Incluye cualquier información relevante que pueda ayudar a tu agente a realizar mejor su tarea. Por ejemplo: **"Recuerda que Nico está en la zona horaria CET".**

Esta estructura ayuda a evitar ambigüedades y mejora significativamente el rendimiento del agente, ya que le proporciona el contexto necesario para actuar eficientemente de forma autónoma.

 ACTIVIDAD COMPLEMENTARIA

6. El objetivo de esta actividad es que comprendas la importancia de comunicar con claridad a los agentes de IA y que puedas practicar la creación de directrices efectivas que ayuden a maximizar su autonomía y su rendimiento. Para ello, simula que eres la persona responsable de entrenar a un nuevo agente de IA que trabajará en tu equipo, específicamente gestionando correos electrónicos entrantes. Usa la siguiente estructura para redactar instrucciones claras y eficaces en un lenguaje natural (similar al lenguaje humano):

   · **Rol:** ¿Qué función va a desempeñar el agente?
   · **Contexto:** ¿Qué tipo de correos va a recibir y desde qué entorno?
   · **Objetivo:** ¿Qué debe lograr el agente con cada correo?
   · **Instrucciones específicas:** ¿Qué debe hacer exactamente si detecta ciertas palabras clave, remitentes o patrones?

Continúa en página siguiente >>

<< Viene de página anterior

Aquí se muestra un ejemplo orientativo:

- **Rol:** Eres un agente de atención al cliente.
- **Contexto:** Recibes correos de usuarios que han comprado productos en la tienda *online.*
- **Objetivo:** Clasificar los correos según su urgencia.
- **Instrucciones específicas:** Si el correo contiene palabras como "reclamación", "insatisfacción" o "problema", clasifícalo como queja urgente y notifícalo al equipo de soporte.

4.7. Pon a prueba tu agente de IA

Una vez que has configurado tu agente y le has asignado las herramientas necesarias para llevar a cabo las tareas encomendadas, llega un paso clave en todo este proceso: **verificar su funcionamiento real antes de activarlo en tu entorno de trabajo.**

 IMPORTANTE

Esta fase de prueba es esencial para garantizar que el agente actúe con precisión, de forma confiable y alineada con los objetivos que te has propuesto. No olvides que un agente de IA o un equipo multiagente deben permitirte mejorar tu productividad.

Para poner a prueba tu agente de IA aprovecha y **simula distintos escenarios, para poder así comprobar cómo responde ante casos reales o bien hipotéticos.** La cuestión es obtener respuestas a preguntas concretas que te permitan llevar a cabo un proceso de análisis y de evaluación de tu agente. Por ejemplo:

¿Etiqueta correctamente un correo con una factura?

¿Distingue entre un mensaje urgente y uno informativo?

¿Ejecuta las acciones esperadas al recibir un correo específico?

¿Detecta correctamente un remitente conocido frente a uno desconocido?

¿Clasifica adecuadamente correos promocionales como "Otros" sin etiquetarlos como importantes?

¿Aplica varias etiquetas si un correo contiene más de una categoría relevante?

¿Ignora correos automáticos o notificaciones sin relevancia?

¿Reacciona solo ante correos nuevos o también ante correos reenviados?

¿Es sensible al tono emocional del mensaje (por ejemplo, correos con lenguaje urgente o en el que se muestre preocupación)?

¿Gestiona con eficacia los correos recibidos fuera del horario laboral?

¿Reconoce y responde de forma diferente a correos internos (de compañeros) frente a externos (clientela o proveedores)?

Estas pruebas te ayudarán a identificar posibles ajustes antes de que el agente entre en funcionamiento de forma continua.

Durante esta etapa en la que debes poner a prueba a tu agente, es recomendable **modificar y refinar** algunos elementos como son las instrucciones, los filtros o las herramientas si notas comportamientos inesperados.

Puedes reenviar correos de prueba, cambiar parámetros o reorganizar el flujo de acciones para afinar la lógica del agente. **Esta iteración no es un fallo,** sino parte del proceso de aprendizaje y de mejora.

Un buen agente se construye a base de pruebas, ajustes y observación atenta

Además, *Relevance AI* te permite visualizar con claridad el recorrido que sigue cada correo dentro del agente, lo cual te facilita el poder detectar dónde podrían producirse errores o cuellos de botella. Este entorno de prueba no solo valida el funcionamiento técnico, sino que te da la confianza necesaria para saber que tu agente está listo para operar con total autonomía.

El **esfuerzo inicial** que implica evaluar la eficiencia y la eficacia de un agente de IA recién creado **merece la pena,** puesto que una buena prueba es la antesala de una gran automatización.

Cuando tu agente haya superado la evaluación con éxito, estará listo para ayudarte de verdad: trabajando en segundo plano, reduciendo tareas repetitivas y liberando tu tiempo para lo que realmente es importante. De modo que:

1. Envía un correo de prueba	Envíate un correo con un asunto y un contenido específicos
2. Verifica el etiquetado	Comprueba si el agente clasifica correctamente el correo

 SABÍAS QUE...

Una vez validado, puedes **mejorar el rendimiento y escalar las capacidades del agente** para que se adapte aún mejor a tus flujos de trabajo. Esto significa que es posible **ajustar parámetros del modelo de lenguaje,** como la **temperatura,** que regula el nivel de creatividad o flexibilidad en las respuestas del agente (una temperatura baja implica mayor precisión y una más alta, mayor apertura interpretativa).

También puedes **configurar vistas avanzadas** dentro de *Relevance AI* que te permitan monitorear tareas, analizar el rendimiento de las herramientas integradas y detectar esos errores o cuellos de botella que ya nombramos, y hacerlo con mayor facilidad. Esta visión global resulta muy útil para mantener el control y garantizar que el agente continúe cumpliendo su función óptimamente a lo largo del tiempo.

Con eso y todo, si es lo que deseas, puedes **expandir las capacidades de tu agente de IA** más allá de la plataforma *Relevance AI.* Esto es fácil, tan solo debes integrar en la plataforma otras herramientas como ***Make.com, Zapier* u otras aplicaciones de automatización.** Esto te permitiría conectar tu agente con calendarios, CRM, hojas de cálculo o canales de comunicación como *Slack.*

NOTA

Al entender cómo es el flujo de trabajo de un agente de IA (aprendiendo a construirlo), puedes replicarlo, adaptarlo o escalarlo a otros procesos. Como ejemplo:

- Gestionar reservas.
- Validar formularios.
- Analizar documentos.

Lo importante es que, tras la fase de prueba, no solo asegures que el agente funcione bien, sino que vaya evolucionando junto a ti.

Si en algún momento te has perdido o simplemente necesitas visualizar el proceso de creación de un agente de IA completo desde cero, puedes apoyarte en el siguiente videotutorial. Este recurso muestra detalladamente cómo crear un agente de IA en *Relevance AI,* configurarlo con *Gmail* y probarlo de forma eficaz.

Mientras sigues el vídeo, es recomendable que abras tu entorno de *Relevance AI* al mismo tiempo. Con ello, podrás replicar al momento cada paso mostrado en el tutorial. Esto te ayudará a interiorizar mejor los conceptos y a resolver rápidamente posibles dudas en tiempo real.

 **VÍDEO**

En este vídeo verás con claridad cada uno de los pasos descritos del proceso:

- Cómo acceder a la sección **New Agent.**
- Cómo vincular y ordenar las herramientas dentro del flujo visual.
- Cómo conectar tu cuenta de *Gmail* y definir filtros específicos.
- Cómo probar el agente con correos reales o simulados.
- Y, finalmente, cómo ajustar los detalles técnicos para que el agente funcione de forma autónoma y precisa.

Este recurso es especialmente útil si quieres reforzar tu comprensión de manera visual, comprobar que tu configuración es correcta o simplemente aprender de un ejemplo práctico guiado.

https://redirectoronline.com/agenteia0204

TAREA 5

Carla es emprendedora y acaba de lanzar una *startup* de organización de eventos. Tiene pocos recursos, pero muchas tareas que realizar: contestar mensajes, generar presupuestos, seguir agendas, investigar proveedores y un largo etcétera. Le hablaron de los agentes de IA como solución para organizar y escalar su negocio, pero no sabe cómo aplicarlos de forma práctica.

Basándote en ello, ¿qué tipo de agente le recomendarías a Carla?, ¿cómo debería configurarlo?, ¿qué secciones del panel de *Relevance AI* debería conocer primero?, ¿y qué ventajas le supondría usar una plantilla ya existente?

5. Optimiza tu productividad con agentes de IA

 HILO CONDUCTOR

Ahora que Clara ya contaba con varios agentes activos, su enfoque cambió: no se trataba solo de crear nuevos, sino de optimizar los existentes. Aprendió a medir su impacto, ajustarlos según el comportamiento real de los usuarios y conectar varios agentes entre sí para crear flujos más completos. Cada mejora se traducía en más eficiencia, menos errores humanos y una empresa mucho más ágil. Clara ya no imaginaba su negocio sin estos colaboradores digitales, y empezaba a soñar con un futuro donde cada área tuviera un agente como apoyo estratégico.

Aunque hemos trabajamos con *Relevance AI,* existen otras herramientas potentes para automatizar tareas e integrar inteligencias artificiales en los procesos productivos de una actividad personal, profesional o empresarial. Una de ellas es **Make.com,** otra plataforma muy visual que permite crear flujos de trabajo automatizados sin necesidad de programar.

A través de **Make,** es posible conectar distintas aplicaciones (como *Gmail, Google Drive, Notion, OpenAI,* etc.), automatizar acciones complejas y coordinar múltiples agentes inteligentes de forma visual, modular y escalable.

A continuación, se detallan los primeros pasos para crear un agente de IA en *Make,* acompañados de imágenes que te ayudarán a seguir el proceso paso a paso:

➲ **Paso 1: accede a la plataforma *Make.com.*** La página principal de *Make.com* ofrece una introducción clara a su propuesta: automatizar tareas de forma visual, escalable y sin necesidad de saber programar. Desde esta vista, puedes comenzar creando tu cuenta gratuita haciendo clic en **Empieza gratis,** sin necesidad de añadir información de pago. *Make* ya incorpora agentes de IA inteligentes que se adaptan al flujo de trabajo y pueden integrarse con cientos de herramientas y servicios.

Pantalla de inicio de Make.com desde donde se puede iniciar el registro de manera gratuita.

https://redirectoronline.com/agenteia0206

➲ **Paso 2: crea tu cuenta gratuita en *Make.com.*** Una vez dentro, se te pedirá que te registres. Puedes hacerlo con tu cuenta de *Google, Facebook, GitHub* o rellenando manualmente tu nombre, tu correo electrónico y una contraseña. También deberás seleccionar tu país y tu región de alojamiento antes de hacer clic en **Regístrate GRATIS.**

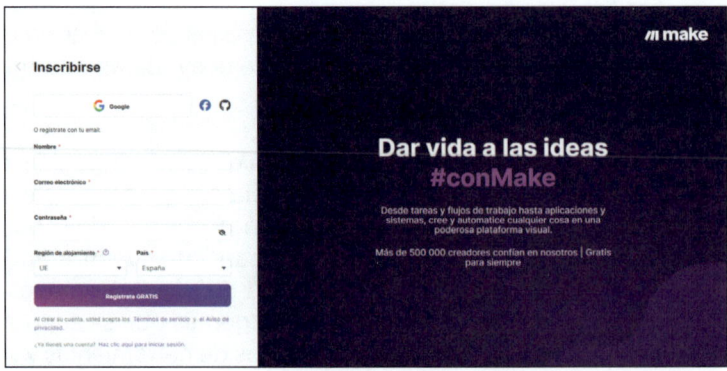

Formulario de registro para crear una cuenta gratuita en Make.com.

Después de registrarte, es fundamental verificar tu cuenta y acceder a la plataforma para comenzar a crear tus agentes. En las siguientes imágenes se muestra cómo confirmar tu correo electrónico y acceder por primera vez al entorno de trabajo de *Make:*

⮕ **Paso 3: verifica tu correo electrónico para poder acceder a *Make. com*.** Después del registro, recibirás un mensaje de confirmación en tu correo electrónico. Asegúrate de revisarlo (consulta tu bandeja de *spam)*. Luego, haz clic en el enlace para verificar tu cuenta y habilitar el acceso a la plataforma.

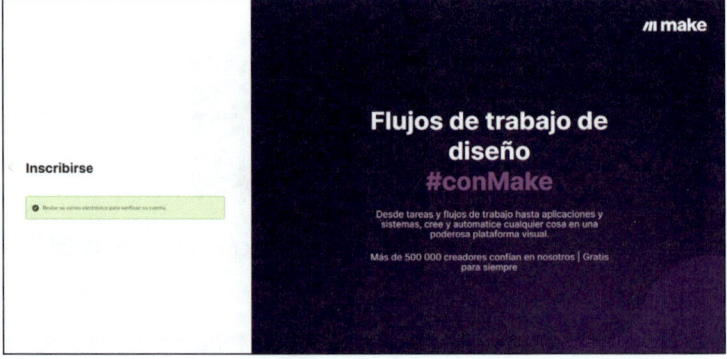

Mensaje de confirmación tras el registro: se debe verificar el correo para continuar.

⮕ **Paso 4: inicia sesión en tu cuenta de *Make*.** Tras la verificación, vuelve a la plataforma e inicia sesión introduciendo tu correo electrónico y tu contraseña o utilizando cualquiera de las opciones de acceso disponibles, como *Google* o *GitHub*.

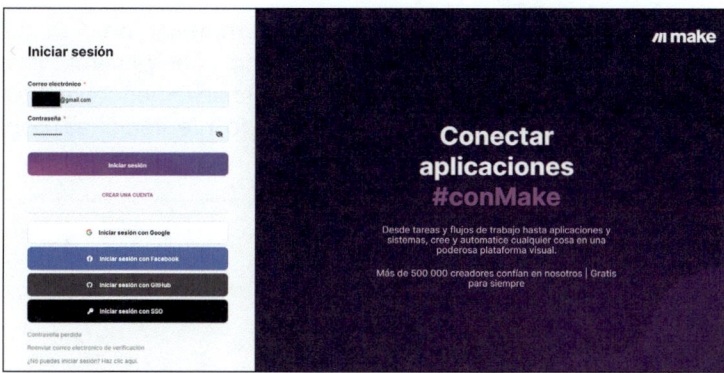

Pantalla de inicio de sesión de Make, con opciones de acceso mediante correo, Google, Facebook, GitHub y SSO.

Una vez que hayas iniciado sesión, *Make* te pedirá que completes algunos campos de información para personalizar tu experiencia. En esta sección, podrás indicar cómo conociste la plataforma y tu nivel de experiencia en automatización:

➲ **Paso 5: indica cómo conociste *Make*.** Después de iniciar sesión por primera vez, *Make* te pedirá que respondas cómo te enteraste de la existencia de la plataforma. Esta información ayuda a mejorar la experiencia del usuario, no afectando la información proporcionada a la funcionalidad de la aplicación.

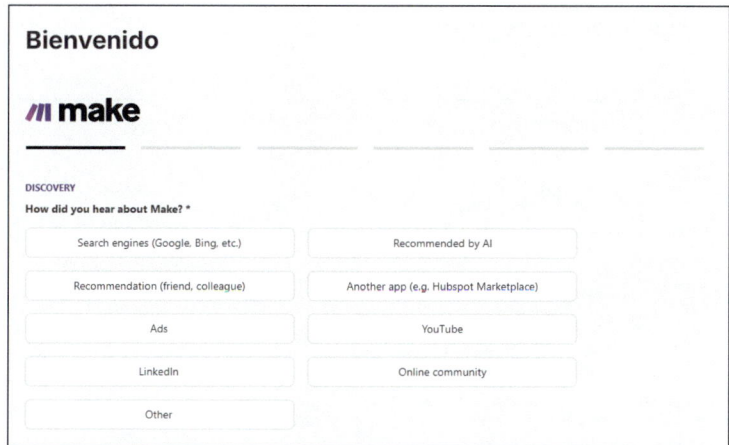

Pregunta inicial tras el primer acceso: selecciona cómo conociste Make para continuar con la configuración.

➲ **Paso 6: define tu experiencia en automatización.** A continuación, deberás seleccionar tu nivel de experiencia con plataformas de automatización. Puedes elegir entre tres niveles: sin experiencia, experiencia con otras plataformas o experiencia creando integraciones propias.

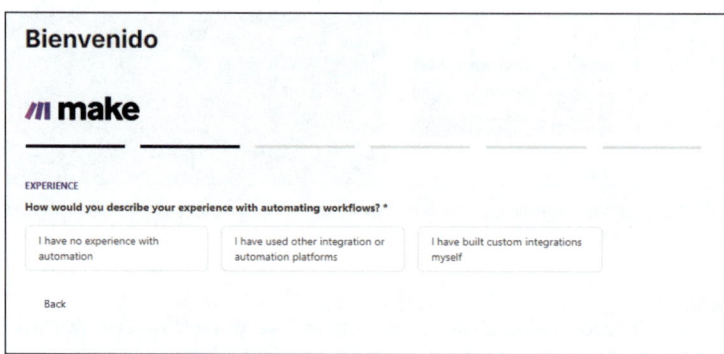

Paso para indicar tu experiencia previa con herramientas de automatización: elige la opción que mejor se ajuste a tu perfil.

Seguidamente, tendrás que introducir el tamaño de tu organización y qué herramientas planeas integrar en tus automatizaciones:

➲ **Paso 7: indica el tamaño de tu organización.** *Make* personaliza tu experiencia según el tipo de usuario. En este paso, selecciona el tamaño de tu organización. Si trabajas por tu cuenta, marca **Only Me**. Esta información no afecta al uso de la herramienta, pero ayuda a *Make* a adaptar mejor sus recomendaciones.

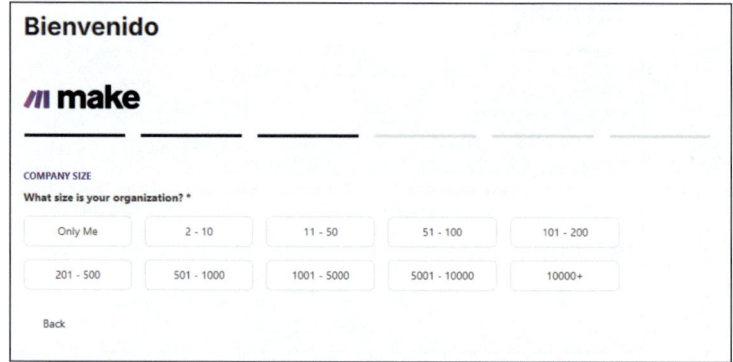

Selección del tamaño de la organización, desde autónomos hasta grandes empresas.

⬢ **Paso 8: elige las aplicaciones que deseas automatizar.** En este punto, *Make* te preguntará qué herramientas sueles utilizar para sugerirte integraciones relevantes para ti. Marca aquellas que ya usas o que planeas automatizar (como, por ejemplo, *Google Sheets, Gmail, OpenAI, Notion,* etc.). También es posible escribir otras aplicaciones manualmente si no aparecen en el listado.

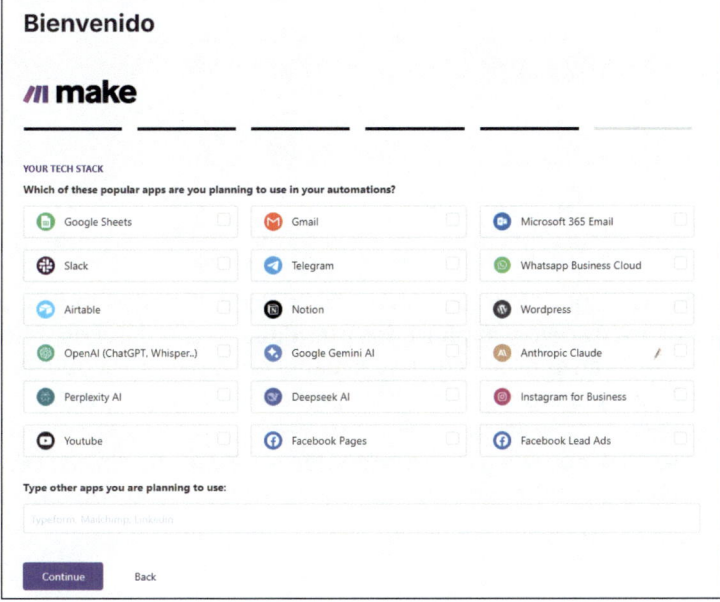

Selección de aplicaciones populares para integraciones automatizadas en Make

Si prestas atención, podrás ver un espacio a modo de formulario en el que podrás escribir con tus propias palabras qué es lo que te gustaría automatizar con *Make.* Cuanta más claridad tenga tu mensaje, mejores recomendaciones recibirás.

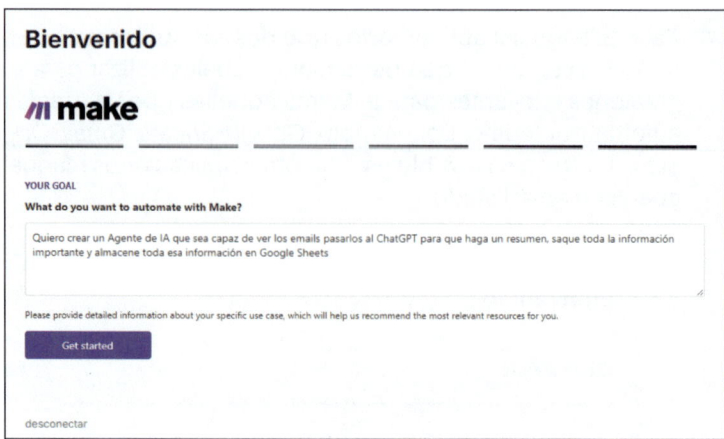

Formulario para describir tu objetivo: puedes escribir qué tipo de agente de IA quieres crear y con qué funciones.

Una vez dentro de tu cuenta de *Make,* llega el momento de conocer el **entorno de trabajo** y **explorar las plantillas** ya creadas. Los pasos siguientes te permitirán familiarizarte con el panel principal y descubrir automatizaciones que puedes usar como base para tus propios proyectos:

➲ **Paso 9: accede a tu organización en *Make*.** Tras iniciar sesión, entrarás en el panel principal de tu organización. Desde aquí podrás gestionar equipos, usuarios, suscripciones y escenarios activos.

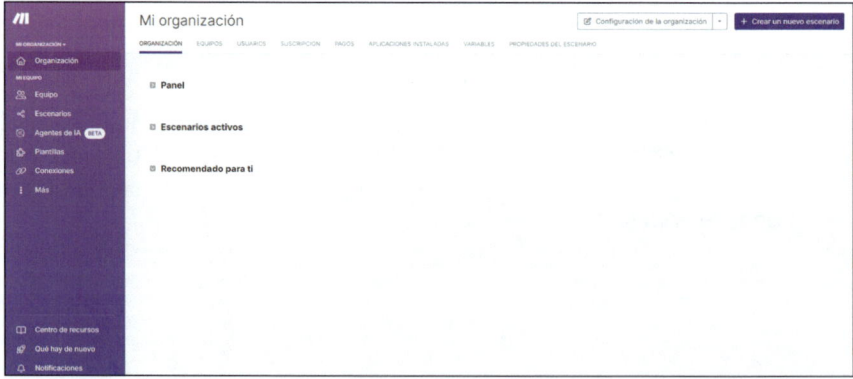

Vista general del panel de organización de Make con acceso a equipos, escenarios y plantillas desde el menú lateral

➲ **Paso 10: explora las plantillas disponibles.** Al hacer clic en **Plantillas,** se abrirá una galería con automatizaciones prediseñadas que puedes usar directamente o animarte a personalizar alguna de las mostradas. Puedes acceder a cualquier plantilla para ver más detalles y comenzar a crear tu propio flujo de trabajo.

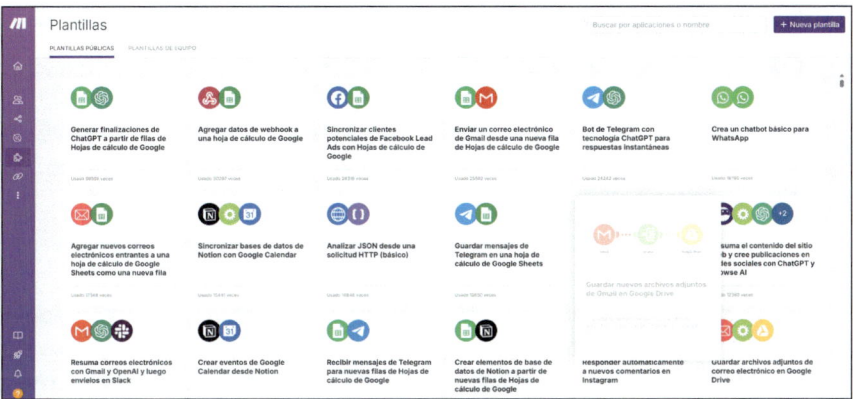

Galería de plantillas públicas de Make: automatizaciones listas para usar con apps tan diversas como ChatGPT, Google Sheets, Telegram, Notion, etc.

Ahora que ya tienes acceso a la plataforma y puedes conocer sus diversas funcionalidades, es momento de buscar y seleccionar una **plantilla prediseñada que facilite la creación de tu escenario. Es decir, has de indicar qué aplicaciones vas a utilizar y cuál es el objetivo de tu automatización.** Esta opción es muy útil para personas principiantes, ya que permite utilizar estructuras ya montadas para simplemente editarlas. A continuación, aprenderás a aplicar los filtros necesarios y a elegir la plantilla adecuada para un caso concreto:

➲ **Paso 11: filtra por las herramientas que vas a usar.** Para encontrar la plantilla más adecuada, utiliza el buscador de la parte superior derecha de la sección **Plantillas.** Introduce las herramientas que vas a integrar. Por ejemplo, *OpenAI* y *Hojas de cálculo* de *Google,* a fin de reducir los resultados y encontrar plantillas compatibles con tus necesidades.

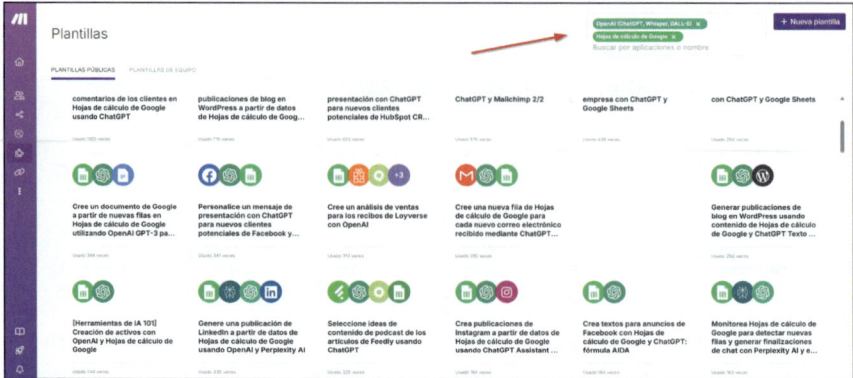

Filtrado de plantillas disponibles seleccionando las herramientas OpenAI y Google Sheets

⮕ **Paso 12: selecciona la plantilla que más se ajuste a tu necesidad.**
Entre las numerosas plantillas mostradas, selecciona la que se adapte
mejor a tu caso de uso. Por ejemplo: **Crea una nueva fila de Hojas de
cálculo de *Google* para cada nuevo correo electrónico recibido mediante *ChatGPT*.**

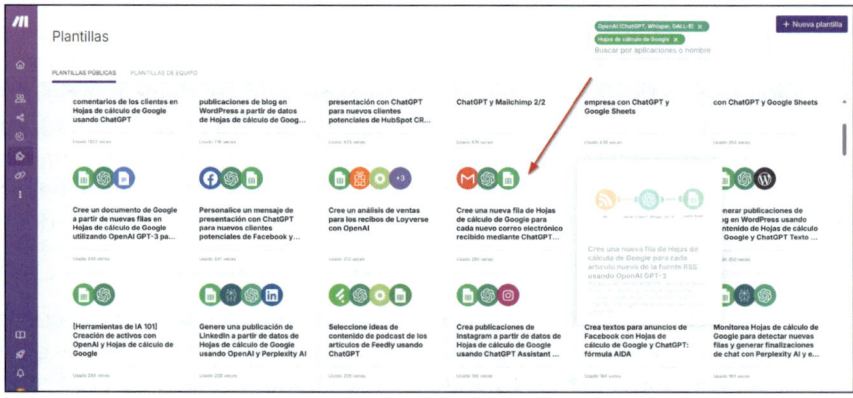

*Selección de la plantilla que permite añadir datos de correos entrantes a Google Sheets con ayuda
de ChatGPT.*

Hasta ahora, ha quedado indicado el tamaño de tu empresa y las aplicaciones que usarás, *Make* te ha sugerido plantillas prediseñadas para que puedas personalizarlas con facilidad. Todos estos pasos te han llevado a elegir
una automatización ya preparada y a poder visualizar cómo esta funcionará.

NOTA

Estas plantillas están pensadas para ahorrarte tiempo y facilitar el proceso, ya que solo tendrás que conectarlas con tus cuentas y ajustar algunos pocos detalles.

Sigue los siguientes pasos para avanzar en la configuración de tu primer agente inteligente:

⮑ **Paso 13: visualiza el flujo preconfigurado.** En este punto, *Make* te muestra un escenario automatizado ya configurado, compuesto por tres módulos conectados:

1. *Gmail:* detecta nuevos correos electrónicos.
2. *OpenAI:* resume automáticamente el contenido del correo con un *prompt* predefinido.
3. *Google Sheets:* guarda el resumen como una nueva fila en una hoja de cálculo.

Este flujo es totalmente editable y puedes personalizar cada módulo para adaptarlo a tus necesidades.

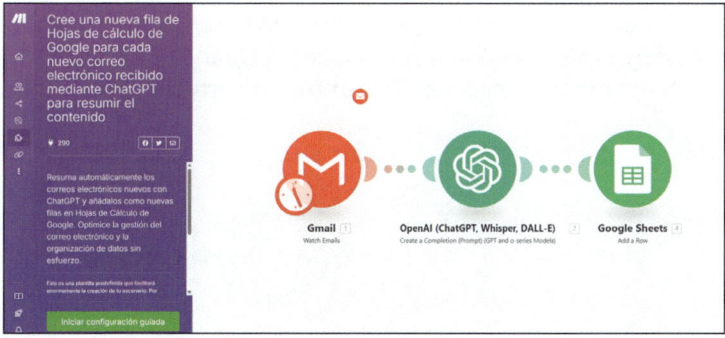

Visualización del escenario automatizado en Make, con Gmail, OpenAI y Google Sheets conectados para resumir mensajes de correo electrónico entrantes.

⮑ **Paso 14: configura el módulo de *Gmail*.** Accede al módulo de *Gmail* para poder configurarlo correctamente. Será el punto de partida de tu automatización. Este módulo está encargado de vigilar tu bandeja de entrada para identificar cuándo llega un nuevo correo electrónico. Esto es lo que dará inicio al flujo automatizado. Para ello, deberás pulsar sobre el icono de *Gmail* para ver o editar los parámetros de activación del módulo. No olvides conectarlo con tu cuenta de *Gmail* y definir los filtros que desees, por ejemplo, solo correos con asunto específico.

Módulo de Gmail configurado listo para vigilar nuevos correos entrantes y activar la automatización.

Ahora toca personalizar la inteligencia y el almacenamiento. Esto es, una vez conectado *Gmail,* llega el momento clave: **configurar cómo ChatGPT resumirá tus correos** y **cómo esos resúmenes se guardarán automáticamente en *Google Sheets.*** Conoce a continuación cómo hacerlo:

➲ **Paso 15:** *OpenAI* **para crear resúmenes.** Este módulo usa *ChatGPT* para generar un resumen a partir del texto del correo recibido. Puedes personalizar el *prompt* según tus criterios de necesidad.
Asegúrate de conectar tu cuenta de *OpenAI* y escribir un *prompt* claro como pudiera ser este: **"Resume este correo en 3 frases breves".**

Vista del flujo de trabajo donde Make conecta Gmail con ChatGPT para generar un resumen automático del correo y lo guarda directamente en una hoja de cálculo de Google Sheets.

⊃ **Paso 16: *Google Sheets* para guardar fila.** Finalmente, este tercer módulo agrega una nueva fila en tu hoja de cálculo de *Google* cada vez que se genera un resumen.

Simplemente deberás conectar tu cuenta de *Google* y seleccionar la hoja donde quieres guardar los datos. Luego, asigna cada campo; por ejemplo: fecha, remitente, resumen, etc.

Módulo que permite añadir automáticamente una nueva fila en tu hoja de cálculo de Google cada vez que se genera un resumen del correo electrónico.

¡Listo! Has conseguido crear tu primer flujo de trabajo automatizado con un agente de IA en *Make*.

Gracias a esta plantilla predefinida, ahora tienes un escenario funcional que conecta Gmail, OpenAI (ChatGPT) y Google Sheets para leer correos, generar un resumen automático y guardar esa información en una hoja de cálculo.

Pronto comprobarás que con esta automatización:

1. Te ahorrarás mucho tiempo de trabajo.
2. Mejorarás la organización de tus datos.
3. Te permitirá enfocarte en esas otras tareas mucho más creativas y estratégicas para aportar más valor a tu empresa.

 CONSEJO

Aunque esta plantilla ya está lista para ser utilizada, no dudes en personalizarla según tus necesidades. Puedes ajustar el *prompt* de *ChatGPT,* añadir más campos en tu hoja de cálculo o incluso incorporar nuevas aplicaciones como *Slack, Notion* o *Telegram* para notificaciones automatizadas. ¡Recuerda! Cuanto más lo adaptes a tu flujo real de trabajo, más valor le sacarás a la automatización.

A lo largo de este último apartado has conocido un ejemplo práctico con el que has aprendido a crear un agente de IA desde cero utilizando *Make,* combinando herramientas como *Gmail, ChatGPT* y *Google Sheets* para automatizar tareas repetitivas. Esta es solo una muestra del potencial que tienen los agentes de IA para transformar tu forma de trabajar. Ahora que conoces los pasos, cuentas con la preparación para diseñar automatizaciones más complejas que te permitan **optimizar tu productividad, reducir el trabajo manual** y **centrarte en lo que realmente aporta valor a una organización.** La inteligencia artificial ya está a tu servicio.

6. Resumen

Los agentes de IA son sistemas que operan de forma autónoma para ejecutar tareas complejas, aprendiendo de datos e interactuando con usuarios y otros sistemas. Existen distintos tipos de agentes con funcionamientos y aplicaciones para ser implementados en entornos reales.

TIPOS DE AGENTES DE IA

Agentes reactivos	No almacenan memoria. Responden según el estímulo actual.
Agentes basados en modelo	Usan memoria para mejorar decisiones. Tienen representación del entorno.
Agentes basados en objetivos	Evaluación de múltiples resultados. Seleccionan acciones para alcanzar metas.
Agentes basados en utilidad	Buscan la mejor opción según función de utilidad.
Agentes de aprendizaje	Aprenden de la experiencia. Ajustan el comportamiento con el tiempo.

Existen numerosas plataformas como *Relevance AI* y *Make.com*, entre otras, que permiten automatizar tareas y conectar múltiples herramientas para crear agentes adaptados a necesidades específicas, sin necesidad de conocimientos avanzados de programación.

Comparativa de algunas plataformas para la construcción de agentes de IA

RELEVANCE AI	MAKE.COM
- Interfaz visual para construir agentes. - Ideal para análisis de datos y clasificación de texto. - Uso de flujos y *prompts* predefinidos.	- Automatización de tareas conectando aplicaciones. - Permite crear agentes con módulos *(OpenAI, Gmail, Sheets,* etc.). - Útil para crear flujos sin escribir código.

En cualquiera de las plataformas para crear agentes de IA hay que recorrer una serie de pasos para automatizar un flujo de trabajo como puede ser la clasificación de correos electrónicos o bien la creación de resúmenes con *ChatGPT* y su posterior almacenamiento en *Google Sheets*. Ello demuestra el potencial de los agentes inteligentes para la mejora de la productividad.

Ejemplo de flujo de automatización con *Make*

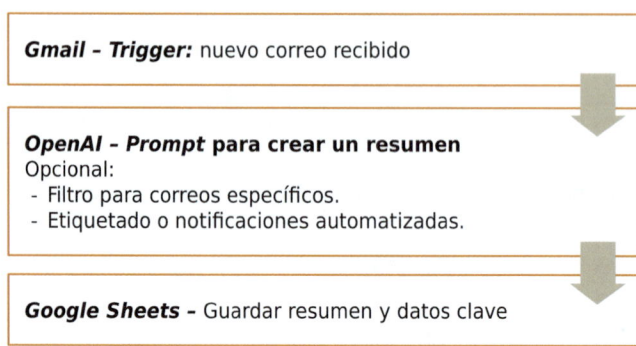

Gmail – Trigger: nuevo correo recibido

OpenAI – Prompt **para crear un resumen**
Opcional:
- Filtro para correos específicos.
- Etiquetado o notificaciones automatizadas.

Google Sheets – Guardar resumen y datos clave

Los agentes de IA no solo automatizan tareas repetitivas, sino que mejoran la productividad y reducen gran cantidad de errores humanos. Con este aprendizaje es posible integrar agentes de IA en flujos de trabajo complejos, al mismo tiempo que es posible diseñar soluciones adaptadas a cada necesidad personal, profesional o empresarial.

Beneficios de integrar agentes IA:

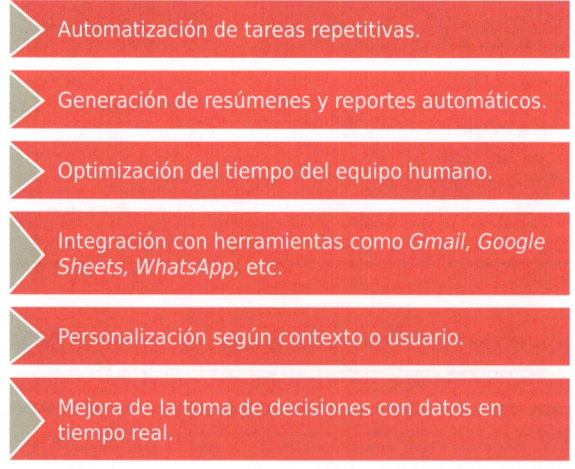

Automatización de tareas repetitivas.

Generación de resúmenes y reportes automáticos.

Optimización del tiempo del equipo humano.

Integración con herramientas como *Gmail*, *Google Sheets*, *WhatsApp*, etc.

Personalización según contexto o usuario.

Mejora de la toma de decisiones con datos en tiempo real.

Ejercicios de autoevaluación
Unidad de Aprendizaje 2

1. Indica si las siguientes afirmaciones son verdaderas o falsas:

a. Comprender el importante papel estratégico de los agentes de IA en la transformación digital permite explorar sus aplicaciones reales en distintos sectores empresariales.

- Verdadero
- Falso

b. Formarse en el diseño y el uso de agentes inteligentes proporciona una ventaja estratégica para quienes deseen mantenerse relevantes aportando valor real en los nuevos entornos laborales y profesionales.

- Verdadero
- Falso

c. Antes de configurar un agente de IA, es fundamental entender qué lo hace eficiente, cómo debe diseñarse y qué aspectos se deben considerar para garantizar que cumpla su función de forma óptima.

- Verdadero
- Falso

2. ¿Cuál es el primer paso recomendado antes de crear un agente de IA?

a. Programar los flujos de trabajo.
b. Seleccionar las herramientas externas.
c. Definir el problema, los datos y el objetivo del agente.
d. Configurar su panel de control.

3. ¿Qué tipo de agente de IA puede colaborar con otros agentes para tareas complejas?

a. Reactivo.
b. Cognitivo.

    c. Autónomo.
    d. Multiagente.

4. ¿Qué competencia/s permite/n a los agentes de IA adaptarse a distintos entornos y mejorar la productividad?

    a. Reflexión, planificación y colaboración.
    b. Conectividad con redes sociales.
    c. Personalización del avatar.
    d. Interfaz de usuario simplificada.

5. ¿Qué tipo de información recibe un agente de IA como *input*?

    a. Resultados de tareas.
    b. Comandos, archivos o mensajes.
    c. Resúmenes de actividad.
    d. Métricas de desempeño.

6. ¿Qué sección del panel en *Relevance AI* permite entrenar a los agentes con contenido específico del proyecto?

    a. Analítica.
    b. Notificaciones.
    c. Conocimiento.
    d. Integraciones.

7. ¿Qué capacidad del agente le permite decidir cómo lograr un objetivo sin instrucciones paso a paso?

    a. Automatización básica.
    b. Planificación.
    c. Interacción conversacional.
    d. Clasificación semántica.

8. ¿Qué permite hacer la sección *Centro de actividades* de *Relevance AI?*

    a. Diseñar el aspecto visual del agente.
    b. Ver registros de acciones y supervisar tareas.

     c. Crear nuevas herramientas.

     d. Añadir contenido al conocimiento del agente.

9. ¿Qué mejora significativa aporta utilizar una plantilla preconfigurada en *Relevance AI*?

     a. Aumenta la precisión gramatical.

     b. Facilita la conexión a redes sociales.

     c. Acelera la implementación del agente.

     d. Elimina la necesidad de entrenamiento.

10. ¿Qué tipo de prueba debe hacerse antes de lanzar un agente de IA en un entorno real?

     a. Prueba de diseño gráfico.

     b. Evaluación emocional del lenguaje.

     c. Validación de cumplimiento normativo.

     d. Pruebas de funcionamiento, optimización y seguridad.

Glosario

Agente autónomo
Entidad computacional que opera de manera independiente, ejecutando acciones en función de percepciones, metas y aprendizajes previos.

API (interfaz de programación de aplicaciones)
Conjunto de definiciones y protocolos que permiten que el agente de IA interactúe con otras plataformas o servicios externos.

Automatización inteligente
Uso conjunto de IA, aprendizaje automático y flujos de trabajo para realizar tareas complejas sin intervención humana.

Back-end
Parte no visible de una aplicación que gestiona la lógica, los procesos y las bases de datos donde opera el agente de IA.

Base de conocimiento semántica
Repositorio estructurado con relaciones lógicas entre conceptos, clave para agentes de IA que razonan o responden preguntas.

Condiciones _IF-THEN_
Estructura lógica básica que define el comportamiento reactivo del agente de IA: "Si ocurre esto, entonces haz aquello".

Context Awareness (conciencia contextual)
Habilidad del agente de IA para adaptar su comportamiento en función del entorno, el usuario o el flujo de tareas.

Conversational Memory
Capacidad de un agente de IA para almacenar y reutilizar información de interacciones pasadas en diálogos futuros.

Data Mapping
Proceso de vincular elementos de datos de diferentes fuentes, facilitando la integración con herramientas externas.

Embeddings
Representación matemática densa de palabras, frases o documentos que permite a los agentes de IA procesar lenguaje natural con comprensión semántica.

Entrenamiento supervisado
Técnica en la que el agente de IA aprende a partir de ejemplos etiquetados para predecir resultados o clasificar información.

Entorno multiagente
Sistema donde múltiples agentes de IA interactúan y colaboran entre sí para resolver tareas complejas o dividir el trabajo.

Evaluación de desempeño del agente de IA
Proceso de medición de métricas como precisión, tiempo de respuesta, eficiencia y tasa de error del agente.

Fine-Tuning
Ajuste preciso de un modelo de lenguaje preentrenado para tareas específicas mediante entrenamiento adicional en datos concretos.

Flujos visuales
Representaciones gráficas de la lógica del agente de IA (como diagramas de nodos) que permiten modelar procesos sin escribir código.

Frontend
Interfaz visual donde el usuario interactúa con el agente de IA, generalmente configurada en plataformas *no-code*.

Instrucciones en lenguaje natural
Comandos escritos de forma similar al habla humana que el agente de IA puede interpretar y convertir en acciones.

Input y output
Datos que el agente de IA recibe *(input)* y genera *(output)*; esenciales para su operatividad lógica.

Interoperabilidad
Capacidad del agente de IA para comunicarse y operar eficientemente con diferentes sistemas, plataformas o formatos de datos.

Lenguaje de consulta estructurado (SQL, JSONPath, etc.)
Herramientas utilizadas por agentes de IA para extraer, manipular o consultar datos.

LLM *(Large Language Model)*
Modelos de lenguaje a gran escala como GPT, que permiten a los agentes de IA comprender, generar texto y responder con coherencia.

Machine Reasoning
Habilidad del agente de IA para realizar inferencias lógicas a partir de información previa o reglas programadas.

Metadatos
Datos sobre datos, usados para categorizar, filtrar o enriquecer la información que el agente de IA manipula.

Middleware
Software que permite que los agentes de IA se comuniquen con sistemas o servicios a los que no acceden directamente.

No-code Platform
Plataforma que permite diseñar flujos y lógica de agentes de IA sin necesidad de conocimientos de programación.

Parámetros de inferencia
Variables que controlan el comportamiento del modelo generativo (como temperatura, *top-k* o *max tokens)*.

Parseo semántico
Análisis profundo del texto que realiza el agente de IA para identificar intenciones, entidades o relaciones.

Prompt Engineering
Técnica para diseñar instrucciones o entradas óptimas que generen las mejores respuestas posibles en modelos de IA generativos.

Repositorio de agentes
Espacio donde se almacenan, gestionan y versionan los distintos agentes de IA y sus configuraciones.

Zero-shot/Few-shot Learning
Capacidad del agente de IA para realizar tareas nuevas con cero o pocos ejemplos, gracias a modelos previamente entrenados.

Bibliografía

Monografías

→ BRYNJOLFSSON, E. y MCAFEE, A.: *Machine, Platform, Crowd: Harnessing Our Digital Future.* W. W. Norton & Company, 2017.

Ofrece estrategias prácticas para que empresas y profesionales se adapten y aprovechen estas disrupciones tecnológicas.

→ LÓPEZ Benítez, Y.: *Algoritmos de la inteligencia artificial.* Antequera (Málaga): IC Editorial, 2025.

Explica de forma accesible los principales algoritmos de IA, su funcionamiento y sus aplicaciones prácticas.

→ LÓPEZ Benítez, Y.: *Inteligencia artificial aplicada a la empresa. IFCT163PO.* Antequera (Málaga): IC Editorial, 2022.

Presenta casos y soluciones concretas para incorporar la inteligencia artificial en distintos departamentos empresariales.

→ LÓPEZ Benítez, Y.: *Introducción a la inteligencia artificial.* Antequera (Málaga): IC Editorial, 2024.

Proporciona una visión general y actualizada sobre qué es la IA, sus tipos y sus principales aplicaciones.

→ LÓPEZ Benítez, Y.: *Introducción a la inteligencia artificial y los algoritmos. IFCT155PO.* Antequera (Málaga): IC Editorial, 2023.

Introduce los fundamentos teóricos y prácticos de la IA y los algoritmos, con un enfoque formativo.

→ LÓPEZ Benítez, Y.: *Recursos basados en la inteligencia artificial aplicables a la empresa.* Antequera (Málaga): IC Editorial, 2025.

Ofrece una recopilación de herramientas y recursos basados en IA orientados a optimizar procesos empresariales reales.

→ LÓPEZ Benítez, Y.: *Usos de la inteligencia artificial en la empresa*. Antequera (Málaga): IC Editorial, 2025.

> Analiza cómo la IA puede transformar las dinámicas empresariales a través de ejemplos prácticos y casos reales.

→ RUSSELL, S. J. y NORVIG, P.: *Artificial Intelligence: A Modern Approach* (4th ed.). Pearson, 2021.

> Obra de referencia que abarca temas como agentes inteligentes, aprendizaje automático, razonamiento, planificación y percepción.

Textos electrónicos, bases de datos y programas informáticos

→ Cómo Crear un Agente de IA Sin Código desde Cero, de: <https://www.youtube.com/watch?v=7oxlJtiIgA8>.

> Vídeo que muestra paso a paso cómo crear un agente de inteligencia artificial sin necesidad de programar utilizando *Relevance AI*.

→ El multiagente de IA que ahorra 100 HORAS de trabajo al mes, de: <https://www.youtube.com/watch?v=NZDUFa0cPrc>.

> Recurso multimedia que muestra cómo una academia de pádel automatiza sus procesos utilizando un sistema de agentes inteligentes que colaboran entre sí, logrando optimizar el tiempo.

→ The Future of Jobs Report 2023, de: <https://www.weforum.org/publications/the-future-of-jobs-report-2023/>.

> Informe que presenta un análisis sobre las tendencias laborales globales hasta 2027, destacando el impacto de la automatización y la inteligencia artificial en la creación y la transformación de empleos.